Caro aluno, seja bem-vindo à sua plataforma do conhecimento!

A partir de agora, está à sua disposição uma plataforma que reúne, em um só lugar, recursos educacionais digitais que complementam os livros impressos e foram desenvolvidos especialmente para auxiliar você em seus estudos. Veja como é fácil e rápido acessar os recursos deste projeto.

1. Faça a ativação dos códigos dos seus livros.

Se você NÃO tem cadastro na plataforma:
- acesse o endereço <login.smaprendizagem.com>;
- na parte inferior da tela, clique em "Registre-se" e depois no botão "Alunos";
- escolha o país;
- preencha o formulário com os dados do tutor, do aluno e de acesso.

O seu tutor receberá um *e-mail* para validação da conta. Atenção: sem essa validação, não é possível acessar a plataforma.

Se você JÁ tem cadastro na plataforma:
- em seu computador, acesse a plataforma pelo endereço <login.smaprendizagem.com>;
- em seguida, você visualizará os livros que já estão ativados em seu perfil. Clique no botão "Códigos ou licenças", insira o código abaixo e clique no botão "Validar".

Este é o seu código de ativação! → **DU7BX-4BUBR-AUPRP**

2. Acesse os recursos

usando um computador.

No seu navegador de internet, digite o endereço <login.smaprendizagem.com> e acesse sua conta. Você visualizará todos os livros que tem cadastrados. Para escolher um livro, basta clicar na sua capa.

usando um dispositivo móvel.

Instale o aplicativo **SM Aprendizagem**, que está disponível gratuitamente na loja de aplicativos do dispositivo. Utilize o mesmo *login* e a mesma senha que você cadastrou na plataforma.

Importante! Não se esqueça de sempre cadastrar seus livros da SM em seu perfil. Assim, você garante a visualização dos seus conteúdos, seja no computador, seja no dispositivo móvel. Em caso de dúvida, entre em contato com nosso canal de atendimento pelo **telefone 0800 72 54876** ou pelo *e-mail* atendimento@grupo-sm.com.

BRA205196_5134

APRENDER JUNTOS

1
1º ANO

CIÊNCIAS

ENSINO FUNDAMENTAL

Organizadora: SM Educação
Obra coletiva concebida, desenvolvida e produzida por SM Educação.

São Paulo, 2ª edição, 2021

Aprender Juntos Ciências 1
© SM Educação
Todos os direitos reservados

Direção editorial Cláudia Carvalho Neves
Gerência editorial Lia Monguilhott Bezerra
Gerência de *design* e produção André Monteiro
Edição executiva André Henrique Zamboni
Edição Carolina Mancini Vall Bastos, Marcelo Augusto Barbosa Medeiros, Juliana Rodrigues F. de Souza, Sylene Del Carlo, Mauro Faro, Filipe Faria Berçot, Tomas Masatsugui Hirayama, Larissa da Silva Zattar, Lilian Morato de Carvalho Martinelli
Colaboração técnico-pedagógica Barbara Kazue Amaral Onishi
Suporte editorial Fernanda de Araújo Fortunato
Coordenação de preparação e revisão Cláudia Rodrigues do Espírito Santo
Preparação: Ana Paula Migiyama, Andréa Vidal de Miranda, Eliane Santoro, Rosinei Aparecida Rodrigues Araujo
Revisão: Ana Paula Migiyama, Fátima Valentina Cezare Pasculli, Maíra Cammarano
Apoio de equipe: Camila Lamin Lessa, Lívia Taioque
Coordenação de *design* Gilciane Munhoz
Design: Thatiana Kalaes, Lissa Sakajiri
Coordenação de arte Andressa Fiorio
Edição de arte: Vivian Dumelle
Assistência de arte: Selma Barbosa Celestino
Assistência de produção: Leslie Morais
Coordenação de iconografia Josiane Laurentino
Pesquisa iconográfica: Adriana Neves
Tratamento de imagem: Marcelo Casaro
Capa APIS Design
Ilustração da capa: Henrique Mantovani Petrus
Projeto gráfico APIS Design
Editoração eletrônica Estúdio Anexo
Pre-impressão Américo Jesus
Fabricação Alexander Maeda
Impressão Pifferprint

Elaboração de originais

Carolina Mancini Vall Bastos
Bacharela e licenciada em Ciências Biológicas pelo Instituto de Biociências (IB) da Universidade de São Paulo (USP). Doutora em Ciências, área de concentração Genética e Evolução, pelo IB–USP. Editora e elaboradora de conteúdo para livros didáticos.

Juliana Rodrigues Ferreira de Souza
Licenciada em Química pelo Instituto de Química (IQ) da Universidade de São Paulo (USP). Editora e elaboradora de conteúdo para livros didáticos.

Marcelo Augusto Barbosa Medeiros
Licenciado em Física pela Instituto de Física (IF) da Universidade de São Paulo (USP). Editor e elaborador de conteúdo para livros didáticos.

Em respeito ao meio ambiente, as folhas deste livro foram produzidas com fibras obtidas de árvores de florestas plantadas, com origem certificada.

Dados Internacionais de Catalogação na Publicação (CIP) (Câmara Brasileira do Livro, SP, Brasil)

Aprender juntos ciências, 1º ano : ensino fundamental / organizadora SM Educação ; obra coletiva concebida, desenvolvida e produzida por SM Educação. — 2. ed. — São Paulo : Edições SM, 2021. — (Aprender juntos)

ISBN 978-65-5744-259-3 (aluno)
ISBN 978-65-5744-289-0 (professor)

1. Ciências (Ensino fundamental) I. Série.

21-66580 CDD-372.35

Índices para catálogo sistemático:
1. Ciências : Ensino fundamental 372.35
Cibele Maria Dias — Bibliotecária — CRB-8/9427

2ª edição, 2021
2ª impressão, janeiro 2023

SM Educação
Rua Cenno Sbrighi, 25 - Edifício West Tower n. 45 - 1º andar
Água Branca 05036-010 São Paulo SP Brasil
Tel. 11 2111-7400
atendimento@grupo-sm.com
www.grupo-sm.com/br

APRESENTAÇÃO

CARO ALUNO, CARA ALUNA,

ESTE LIVRO FOI CUIDADOSAMENTE PENSADO PARA AJUDÁ-LO(A) A CONSTRUIR UMA APRENDIZAGEM SÓLIDA E CHEIA DE SIGNIFICADOS, QUE LHE SEJA ÚTIL NÃO SOMENTE HOJE, MAS TAMBÉM NO FUTURO. NELE, VOCÊ VAI ENCONTRAR ESTÍMULOS PARA CRIAR, EXPRESSAR IDEIAS E PENSAMENTOS, REFLETIR SOBRE O QUE APRENDE E TROCAR EXPERIÊNCIAS E CONHECIMENTOS.

OS TEMAS, OS TEXTOS, AS IMAGENS E AS ATIVIDADES PROPOSTOS NESTE LIVRO OFERECEM OPORTUNIDADES PARA QUE VOCÊ SE DESENVOLVA COMO ESTUDANTE E COMO CIDADÃO OU CIDADÃ, CULTIVANDO VALORES UNIVERSAIS COMO RESPONSABILIDADE, RESPEITO, SOLIDARIEDADE, LIBERDADE E JUSTIÇA.

ACREDITAMOS QUE ATITUDES POSITIVAS E CONSTRUTIVAS AJUDAM A CONQUISTAR AUTONOMIA E CAPACIDADE PARA TOMAR DECISÕES ACERTADAS, RESOLVER PROBLEMAS E SUPERAR CONFLITOS.

ESPERAMOS QUE ESTE MATERIAL DIDÁTICO CONTRIBUA PARA O SEU DESENVOLVIMENTO E A SUA FORMAÇÃO.

EQUIPE EDITORIAL

CONHEÇA SEU LIVRO

CONHECER SEU LIVRO DIDÁTICO VAI AJUDAR VOCÊ A APROVEITAR MELHOR AS OPORTUNIDADES DE APRENDIZAGEM QUE ELE OFERECE.

ESTE VOLUME CONTÉM OITO CAPÍTULOS.

VEJA COMO SEU LIVRO ESTÁ ORGANIZADO.

ABERTURA DO LIVRO

BOAS-VINDAS!

AS ATIVIDADES QUE ABREM O LIVRO SÃO UMA OPORTUNIDADE PARA VOCÊ COLOCAR EM PRÁTICA O QUE JÁ SABE, ANTES DE INICIAR OS ESTUDOS DO ANO.

ABERTURA DE CAPÍTULO

ESSAS PÁGINAS MARCAM O INÍCIO DE UM CAPÍTULO.
TEXTOS, IMAGENS VARIADAS E ATIVIDADES VÃO FAZER VOCÊ REFLETIR E CONVERSAR PREVIAMENTE SOBRE OS TEMAS QUE SERÃO DESENVOLVIDOS AO LONGO DO CAPÍTULO.

DESENVOLVIMENTO DO ASSUNTO

OS TEXTOS, AS IMAGENS E AS ATIVIDADES DESTAS PÁGINAS PERMITIRÃO A VOCÊ COMPREENDER O CONTEÚDO QUE ESTÁ SENDO APRESENTADO.

PARA EXPLORAR

AS SUGESTÕES DE *SITES* E DE LIVROS PERMITEM EXPLORAR E APROFUNDAR OS CONHECIMENTOS RELACIONADOS AOS TEMAS ESTUDADOS.

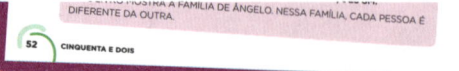

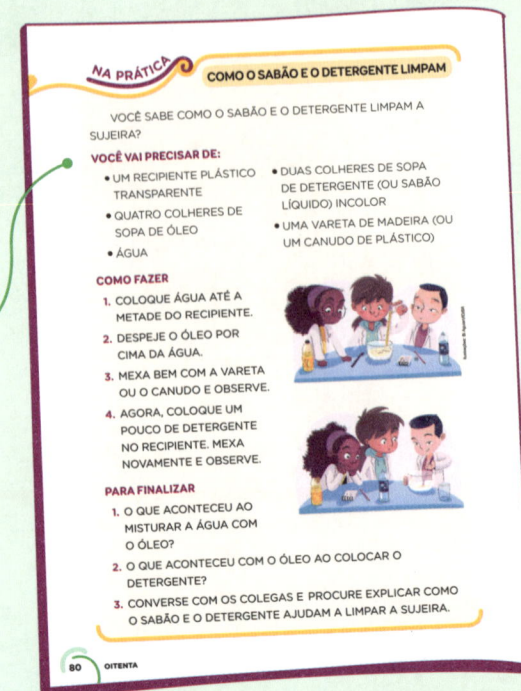

NA PRÁTICA

ESSA SEÇÃO INCLUI ATIVIDADES PRÁTICAS QUE ESTIMULAM A OBSERVAÇÃO, A EXPERIMENTAÇÃO E A INVESTIGAÇÃO DE FENÔMENOS E O LEVANTAMENTO DE SUPOSIÇÕES.

GLOSSÁRIO

AO LONGO DO LIVRO, VOCÊ VAI ENCONTRAR UMA BREVE EXPLICAÇÃO DE ALGUMAS PALAVRAS E EXPRESSÕES QUE TALVEZ NÃO CONHEÇA.

FINALIZANDO O CAPÍTULO

NO FIM DOS CAPÍTULOS, HÁ SEÇÕES QUE BUSCAM AMPLIAR SEUS CONHECIMENTOS SOBRE A LEITURA DE IMAGENS, A DIVERSIDADE CULTURAL E OS CONTEÚDOS ABORDADOS NO CAPÍTULO.

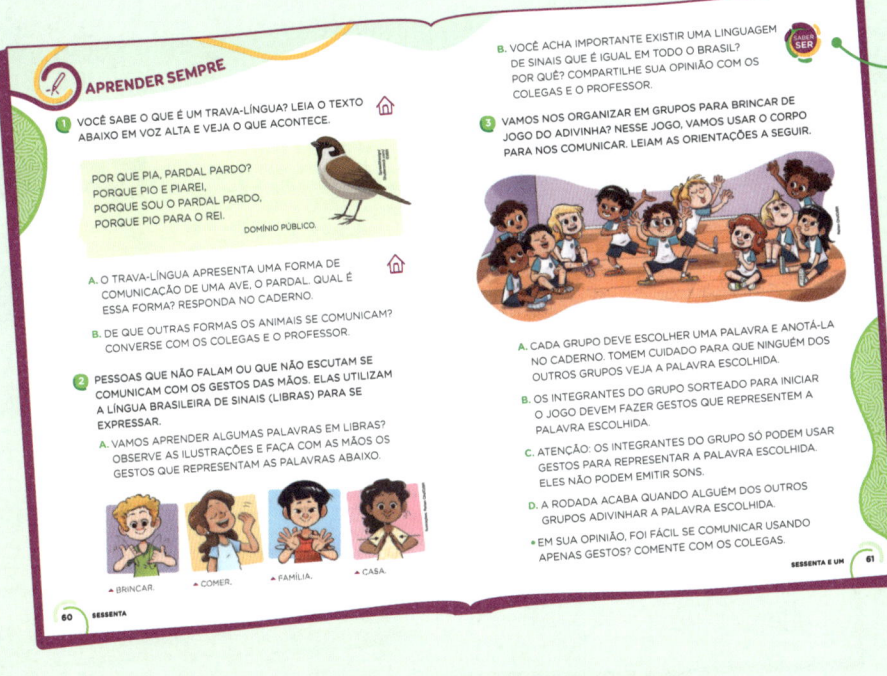

AS ATIVIDADES DA SEÇÃO **APRENDER SEMPRE** SÃO UMA OPORTUNIDADE PARA VOCÊ VERIFICAR O QUE APRENDEU, ANALISAR OS ASSUNTOS ESTUDADOS EM CADA CAPÍTULO E REFLETIR SOBRE ELES.

A SEÇÃO **VAMOS LER IMAGENS!** PROPÕE A ANÁLISE DE UMA OU MAIS IMAGENS E É ACOMPANHADA DE ATIVIDADES QUE AJUDARÃO VOCÊ A COMPREENDER DIFERENTES TIPOS DE IMAGEM.

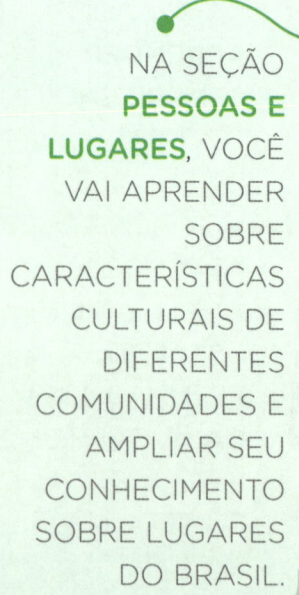

NA SEÇÃO **PESSOAS E LUGARES**, VOCÊ VAI APRENDER SOBRE CARACTERÍSTICAS CULTURAIS DE DIFERENTES COMUNIDADES E AMPLIAR SEU CONHECIMENTO SOBRE LUGARES DO BRASIL.

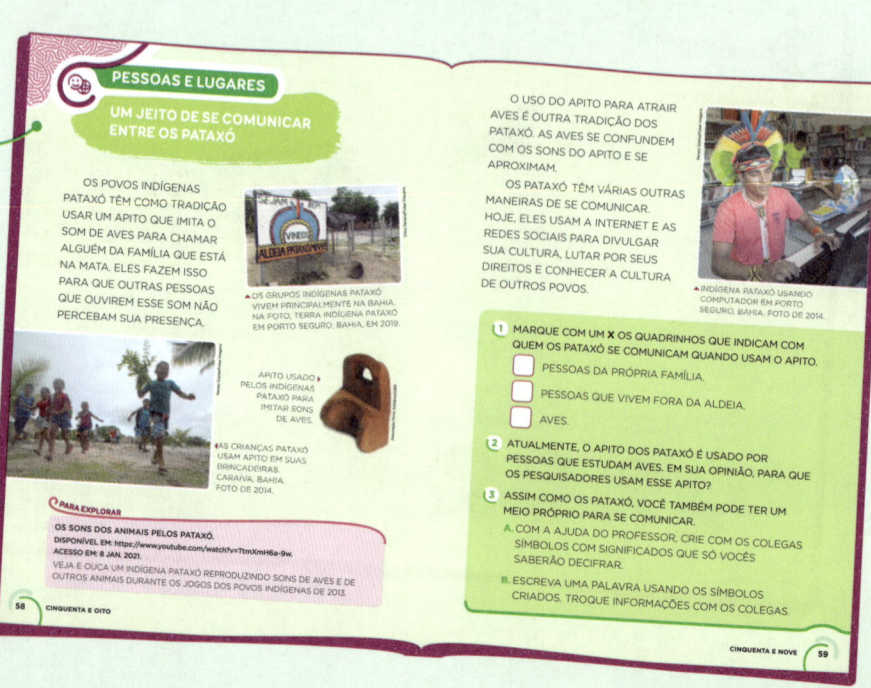

FINALIZANDO O LIVRO

ATÉ BREVE!

NO FINAL DO LIVRO, VOCÊ VAI RESOLVER ATIVIDADES SOBRE OS CONTEÚDOS ESTUDADOS NO DECORRER DO ANO E VERIFICAR O QUANTO APRENDEU.

MATERIAL COMPLEMENTAR

NO FINAL DO LIVRO, VOCÊ VAI ENCONTRAR MATERIAL COMPLEMENTAR PARA USAR EM ALGUMAS ATIVIDADES.

ÍCONES USADOS NOS LIVROS

 **CORES-FANTASIA**

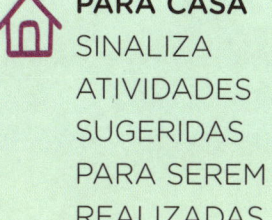 **PARA CASA**
SINALIZA ATIVIDADES SUGERIDAS PARA SEREM REALIZADAS EM CASA.

REPRESENTAÇÃO SEM PROPORÇÃO DE TAMANHO E/OU DISTÂNCIA ENTRE OS ELEMENTOS.

REPRESENTAÇÃO SEM PROPORÇÃO DE TAMANHO E/OU DE DISTÂNCIA ENTRE OS ELEMENTOS.

 **SABER SER**
SINALIZA MOMENTOS PROPÍCIOS PARA PROFESSOR E ALUNOS REFLETIREM SOBRE QUESTÕES RELACIONADAS A COMPETÊNCIAS SOCIOEMOCIONAIS.

SUMÁRIO

BOAS-VINDAS! • 14

CAPÍTULO 1 — O DIA E A NOITE — 16

MANHÃ, TARDE E NOITE • 18
AMANHECER • 20
 O SOL • 21
O QUE TEM DE DIA • 22
 SERES DO DIA • 23
ANOITECER • 24
 A LUA • 25
O QUE TEM À NOITE • 26
 SERES DA NOITE • 27
APRENDER SEMPRE • 28

CAPÍTULO 2 — MINHA ROTINA — 30

O TEMPO PASSA • 32
O DIA EM QUE EU NASCI • 33
O DIA A DIA NA ESCOLA • 34
COMO OS MEUS DIAS ESTÃO ORGANIZADOS? • 35
VAMOS LER IMAGENS!
 O CALENDÁRIO • 36
APRENDER SEMPRE • 38

CAPÍTULO 3 — MEU CORPO — 40

DO QUE OS SERES VIVOS PRECISAM? • 42

PARTES DO CORPO • 43

NA PRÁTICA
EU SOU ASSIM • 44

MEUS DENTES • 46
CADA UM É CADA UM • 46

POR ENQUANTO EU SOU CRIANÇA • 47
MEU CORPO VAI MUDAR? • 47

APRENDER SEMPRE • 48

CAPÍTULO 4 — AS PESSOAS SÃO DIFERENTES — 50

A FAMÍLIA DE CADA UM • 52

MINHA FAMÍLIA • 53

AS PESSOAS SE COMUNICAM • 54
VÁRIOS MODOS DE FALAR • 55

NA PRÁTICA
EU ME COMUNICO BRINCANDO • 57

PESSOAS E LUGARES
UM JEITO DE SE COMUNICAR ENTRE OS PATAXÓ • 58

APRENDER SEMPRE • 60

CAPÍTULO 5 — MEU CORPO PERCEBE 62

OS OBJETOS E OS SERES AO REDOR • 64

A LUZ DO AMBIENTE • 65

OS SONS DO AMBIENTE • 66

OS CHEIROS DO AMBIENTE • 67

OS GOSTOS E OS SABORES DO AMBIENTE • 68

A PELE E O AMBIENTE • 69

NA PRÁTICA
IDENTIFICANDO OBJETOS PELO TATO • 70

AS SENSAÇÕES • 71

APRENDER SEMPRE • 72

CAPÍTULO 6 — HÁBITOS SAUDÁVEIS 74

COMER É BOM • 76

COMER BEM • 77

OS CUIDADOS COM OS ALIMENTOS • 78

PARA FICAR LIMPINHO • 79

NA PRÁTICA
COMO O SABÃO E O DETERGENTE LIMPAM • 80

BRINCAR E DESCANSAR • 81

VAMOS LER IMAGENS!
TIRAS: UMA LEITURA DIVERTIDA • 82

APRENDER SEMPRE • 84

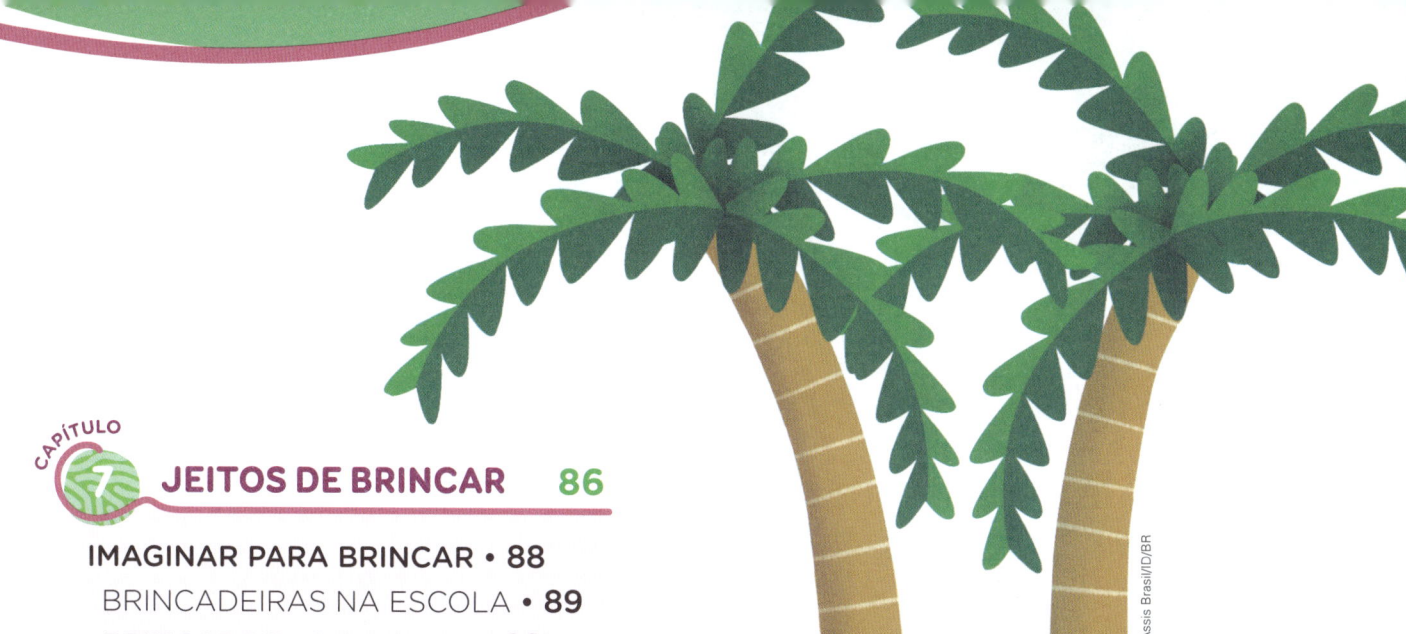

CAPÍTULO 7 — JEITOS DE BRINCAR • 86

IMAGINAR PARA BRINCAR • 88
   BRINCADEIRAS NA ESCOLA • 89
   BRINCADEIRAS EM CASA • 89

EM TODA BRINCADEIRA EXISTE FORÇA • 90

NA PRÁTICA
   CORRIDA DE BALÕES • 91

BRINCADEIRAS VELOZES • 92

BRINCAR DE NÃO DEIXAR CAIR • 93

APRENDER SEMPRE • 94

CAPÍTULO 8 — BRINQUEDOS • 96

OS BRINQUEDOS SÃO DIFERENTES • 98
   BRINQUEDOS DE MADEIRA • 98
   BRINQUEDOS DE METAL • 99
   BRINQUEDOS DE PAPEL • 99
   BRINQUEDOS DE PLÁSTICO • 100

RECICLANDO MATERIAIS • 101

NA PRÁTICA
   OFICINA DE SUCATAS • 102

A TRADIÇÃO É BRINCAR! • 103

PESSOAS E LUGARES
   COM O QUE OS RIBEIRINHOS DA AMAZÔNIA BRINCAM? • 104

APRENDER SEMPRE • 106

ATÉ BREVE! • 108

SUGESTÕES DE LEITURA • 110

BIBLIOGRAFIA COMENTADA • 112

MATERIAL COMPLEMENTAR • 113

Ilustrações: Bruna Assis Brasil/ID/BR

BOAS-VINDAS!

BEM-VINDO(A) AO 1º ANO! DESEJAMOS A VOCÊ UM ÓTIMO PERÍODO DE ESTUDOS. PARA INICIAR, PROPOMOS UM AQUECIMENTO POR MEIO DE ATIVIDADES. VAMOS COMEÇAR?

1 LIGUE CADA PARTE DO CORPO AO RESPECTIVO NOME.

- OLHO
- NARIZ
- BOCA
- ORELHA
- MÃO
- PERNA

2 MARQUE COM UM ✗ OS HÁBITOS DE HIGIENE QUE DEVEMOS ADOTAR PARA MANTER A SAÚDE DO CORPO.

- ☐ NÃO TOMAR BANHO.
- ☐ CORTAR AS UNHAS.
- ☐ ESCOVAR OS DENTES DEPOIS DE TODAS AS REFEIÇÕES.
- ☐ NÃO LAVAR AS MÃOS ANTES DE COMER.
- ☐ COMER FRUTAS E VERDURAS.
- ☐ LIMPAR O NARIZ.
- ☐ LAVAR AS FRUTAS ANTES DE COMÊ-LAS.

3 MARQUE COM UM **X** A IMAGEM QUE MOSTRA O PERÍODO DO DIA EM QUE VOCÊ ESTUDA NA ESCOLA.

4 CIRCULE OS DIAS DA SEMANA EM QUE VOCÊ NÃO VAI À ESCOLA.

SEGUNDA-FEIRA   TERÇA-FEIRA   QUARTA-FEIRA

QUINTA-FEIRA   SEXTA-FEIRA   SÁBADO   DOMINGO

5 CIRCULE QUAL DAS FESTAS TRADICIONAIS REPRESENTADAS ABAIXO ACONTECE PRIMEIRO, NO ANO.

FESTA JUNINA

NATAL

6 AJUDE LUÍS E A PROFESSORA DELE A SEPARAR OS MATERIAIS PARA RECICLAGEM. CIRCULE DE **AZUL** O QUE FOR PAPEL, DE **AMARELO** O QUE FOR METAL, DE **VERMELHO** O QUE FOR PLÁSTICO E DE **VERDE** O QUE FOR VIDRO.

CAPÍTULO 1

O DIA E A NOITE

Os dias são diferentes das noites. Algumas coisas só podem ser observadas de dia, e outras, apenas à noite.

Observe, ao lado, a imagem de uma tradicional festividade brasileira: a Festa Junina. Esse tipo de festa costuma começar de manhã e terminar à noite.

PARA COMEÇO DE CONVERSA

1. A imagem mostra uma festa junina durante o dia ou à noite?

2. O que tem na imagem que fez você escolher a resposta acima?

3. Uma dança típica dessa festividade é a quadrilha. Você já participou de uma quadrilha? Como você se sentiu antes da apresentação?

MANHÃ, TARDE E NOITE

A **MANHÃ** COMEÇA COM O SURGIMENTO DO SOL NO CÉU. MUITAS VEZES, NÃO VEMOS O SOL PORQUE O CÉU ESTÁ COBERTO DE NUVENS.

◀ NA PARTE DA MANHÃ, O SOL COMEÇA A APARECER NO CÉU, FAZENDO COM QUE O CÉU FIQUE CADA VEZ MAIS CLARO.

NO MEIO DO DIA, O SOL ESTÁ NO ALTO DO CÉU.

◀ EM DIAS COM POUCAS NUVENS, O CÉU É AZUL.

À **TARDE**, AINDA É DIA, E O SOL SE APROXIMA DA LINHA DO HORIZONTE.

◀ NO FIM DO DIA, O SOL VAI SE APROXIMANDO DA LINHA DO HORIZONTE ATÉ QUE SE PÕE POR COMPLETO E ANOITECE.

À **NOITE**, O SOL NÃO ESTÁ PRESENTE NO CÉU. NESSE PERÍODO, O CÉU É ESCURO.

LINHA DO HORIZONTE: LINHA IMAGINÁRIA NO LOCAL EM QUE PARECE QUE O CÉU TOCA A TERRA OU A ÁGUA.
PERÍODO: UMA PARTE DO TEMPO.

◀ À NOITE, O CÉU TEM TONS ESCUROS, CHEGANDO A FICAR PRETO.

1 CONVERSE COM UM COLEGA SOBRE UMA ATIVIDADE QUE VOCÊ COSTUMA FAZER DE MANHÃ, OUTRA QUE VOCÊ PRATICA À TARDE E UMA TERCEIRA ATIVIDADE QUE VOCÊ FAZ À NOITE.

AMANHECER

QUANDO O SOL SURGE NO CÉU, DIZEMOS QUE ESTÁ **AMANHECENDO**. A POSIÇÃO DO SOL NO CÉU VAI MUDANDO AO LONGO DO DIA. OBSERVE A IMAGEM.

▲ QUANDO O SOL ESTÁ NASCENDO, ÀS 6:30, O MENINO ACORDA. QUANDO O SOL ESTÁ ALTO NO CÉU, POR VOLTA DAS 12:00, O MENINO REALIZA SUAS ATIVIDADES DIÁRIAS. QUANDO O SOL SE PÕE, ÀS 19:00, O MENINO ESTÁ JANTANDO.

1 LEIA A SEGUINTE HISTÓRIA COM A AJUDA DE UM ADULTO.

DON ADERBAL ERA UM GALO MUITO PEQUENO PARA UMA MISSÃO TÃO GRANDE: ACORDAR O SOL PARA AMANHECER O DIA. POR ISSO, NAQUELA PEQUENA CIDADE O DIA NÃO AMANHECIA NUNCA. ERA SEMPRE ESCURO. AS FLORES NÃO ABRIAM, OS PÁSSAROS NÃO CANTAVAM, E AS PESSOAS NÃO AGUENTAVAM MAIS DORMIR [...].

MONIKA PAPESCU. *ACORDE O SOL, DON ADERBAL!* BELO HORIZONTE: AUTÊNTICA, 2010. P. 8.

• RECONTE A HISTÓRIA PARA O ADULTO. DIGA PARA ELE O QUE É PRECISO ACONTECER PARA O DIA AMANHECER.

O SOL

O SOL É A **ESTRELA** MAIS PRÓXIMA DA TERRA. ELE FORNECE LUZ E CALOR, QUE SÃO NECESSÁRIOS PARA A VIDA. É A LUZ DO SOL QUE DEIXA O DIA CLARO.

ESTRELA: ELEMENTO DO UNIVERSO QUE PRODUZ LUZ.

2 EM SUA OPINIÃO, POR QUE OS SERES VIVOS PRECISAM DA LUZ DO SOL? CONVERSE COM OS COLEGAS.

SOL SE PONDO DURANTE O ENTARDECER.

3 AJUDE CAIO A CHEGAR EM CASA ANTES DE ANOITECER.

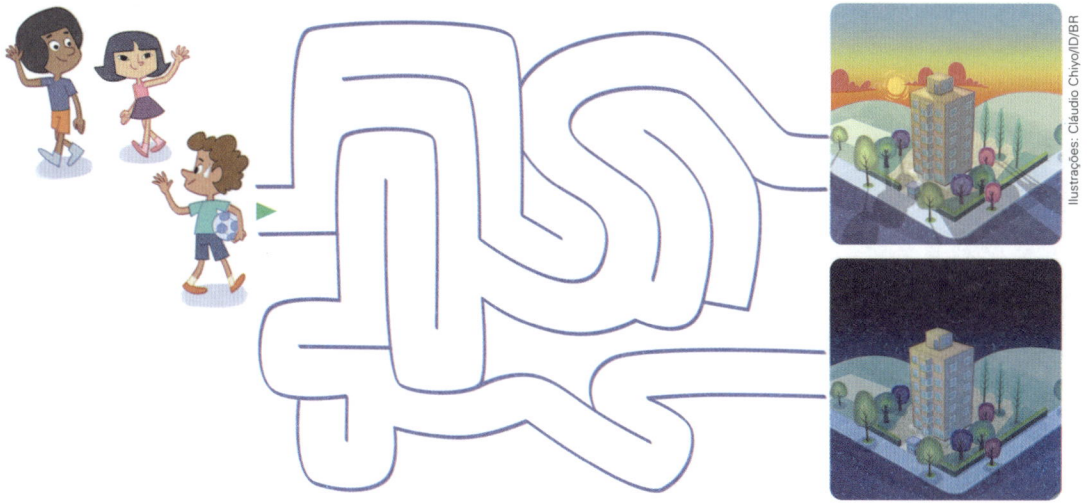

PARA EXPLORAR

CANÇÃO "SOL, LUA, ESTRELA".
DISPONÍVEL EM: https://www.youtube.com/watch?v=0y9WqlpEx1E.
ACESSO EM: 29 JAN. 2021.
O VÍDEO DO GRUPO PALAVRA CANTADA MOSTRA UMA CANÇÃO SOBRE OS DIAS E AS NOITES.

O QUE TEM DE DIA

O QUE É POSSÍVEL VER NO CÉU DURANTE O DIA?

AO OBSERVAR O CÉU DIURNO, PODEMOS VER AS NUVENS, O SOL E, ÀS VEZES, ATÉ A LUA.

ALGUNS CHEIROS E SONS SÃO MAIS COMUNS DURANTE O DIA, DEPENDENDO DE ONDE VOCÊ VIVE.

1 CIRCULE NA IMAGEM OS ELEMENTOS, OS SONS E OS CHEIROS QUE SÃO MAIS COMUNS DURANTE O DIA.

2 QUAIS CHEIROS E SONS REPRESENTADOS NA IMAGEM SÃO PRODUZIDOS PELO SER HUMANO? CONVERSE COM OS COLEGAS SOBRE SUA RESPOSTA.

3 QUAIS CHEIROS E SONS REPRESENTADOS NA IMAGEM SÃO PRODUZIDOS POR OUTROS SERES VIVOS? CONVERSE COM OS COLEGAS SOBRE SUA RESPOSTA.

4 O QUE VOCÊ VÊ NO CAMINHO PARA A ESCOLA? FAÇA UM DESENHO NO CADERNO.

SERES DO DIA

EXISTEM ANIMAIS QUE SÃO MAIS ATIVOS DURANTE O DIA. SÃO OS **ANIMAIS DE HÁBITOS DIURNOS**.

AS BORBOLETAS E A MAIOR PARTE DAS AVES VOAM E SE ALIMENTAM DURANTE O DIA E SE RECOLHEM À NOITE.

O DIA TAMBÉM É IMPORTANTE PARA AS PLANTAS, QUE PRECISAM DA LUZ DO SOL PARA CRESCER. MUITAS FLORES FICAM ABERTAS APENAS DURANTE O DIA.

▲ LAGARTOS SE AQUECEM COM O CALOR DO SOL. O LAGARTO DA FOTO MEDE CERCA DE 1 METRO DE COMPRIMENTO.

▲ AS FLORES CONHECIDAS COMO ONZE-HORAS FICAM MAIS ABERTAS PERTO DESSE HORÁRIO DO DIA. ABERTAS, ELAS TÊM CERCA DE 3 CENTÍMETROS DE LARGURA.

5 PINTE OS ANIMAIS QUE COSTUMAM ESTAR MAIS ATIVOS DURANTE O DIA.

REPRESENTAÇÃO SEM PROPORÇÃO DE TAMANHO ENTRE OS ELEMENTOS.

ANOITECER

QUANDO O SOL ESTÁ SE PONDO NA LINHA DO HORIZONTE, DIZEMOS QUE ESTÁ **ANOITECENDO**.

1 OBSERVE A ILUSTRAÇÃO E RESPONDA: QUE CORES VOCÊ ASSOCIA AO ANOITECER? CONVERSE COM OS COLEGAS.

2 COMPLETE O TEXTO COM AS PALAVRAS **NOITE** OU **DIA**.

ANTES DE ANOITECER, É _____.

QUANDO NÃO HÁ MAIS A PRESENÇA DO SOL NO CÉU, É _____.

3 DEPOIS QUE O SOL SE PÕE, QUE RECURSOS NOS PERMITEM ENXERGAR OS OBJETOS? CIRCULE ESSES RECURSOS NA IMAGEM.

A LUA

A LUA GERALMENTE É VISTA NO CÉU À NOITE. MAS ELA PODE SER VISTA TAMBÉM DURANTE O DIA.

A LUA NÃO PRODUZ LUZ. AQUI DA TERRA, O QUE VEMOS NO CÉU É A PORÇÃO DA LUA ILUMINADA PELO SOL. ESSA PORÇÃO ILUMINADA VARIA AO LONGO DO MÊS.

▲ A PORÇÃO DA LUA QUE VEMOS DA TERRA ESTÁ TODA ILUMINADA.

▲ A PORÇÃO DA LUA QUE VEMOS DA TERRA ESTÁ DIMINUINDO.

▲ A PORÇÃO DA LUA QUE VEMOS DA TERRA ESTÁ AUMENTANDO.

4 EM SUA OPINIÃO, POR QUE AS NOITES EM QUE VEMOS A PORÇÃO DA LUA TODA ILUMINADA SÃO MAIS CLARAS? CONVERSE COM OS COLEGAS SOBRE SUA RESPOSTA.

5 SE FOR POSSÍVEL, OBSERVE O FORMATO DA LUA À NOITE ANTES DE DORMIR. DESENHE ABAIXO O QUE VOCÊ VIU.

O QUE TEM À NOITE

O CÉU NOTURNO É ESCURO. EM NOITES DE CÉU COM POUCAS NUVENS, É COMUM VER A LUA E MUITAS ESTRELAS.

ALGUNS CHEIROS E SONS TAMBÉM SÃO MAIS COMUNS À NOITE, DEPENDENDO DE ONDE VOCÊ VIVE.

1 COMPARE A ILUSTRAÇÃO ABAIXO COM A IMAGEM DA PÁGINA 22, NO TEXTO "O QUE TEM DE DIA". CONVERSE COM UM COLEGA SOBRE AS DIFERENÇAS QUE VOCÊS ENCONTRARAM.

2 MUITOS POVOS COSTUMAM OBSERVAR AS ESTRELAS E RECONHECER FIGURAS DIVERSAS. ENCONTRE A FIGURA DE UM ANIMAL, LIGANDO, NA ORDEM, AS ESTRELAS NUMERADAS. QUE ANIMAL É ESSE?

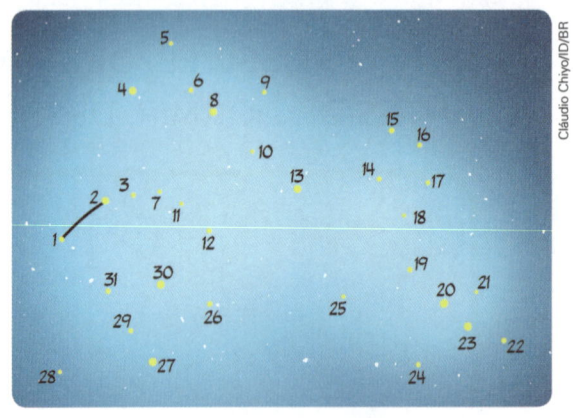

SUGESTÃO DE LEITURA

LUNA EM... EU QUERO SABER! ASTRONOMIA, DE CELIA CATUNDA E KIKO MISTRORIGO. EDITORA SALAMANDRA.

AO OLHAR O CÉU, LUNA FAZ VÁRIAS PERGUNTAS INTERESSANTES, COMO "POR QUE AS ESTRELAS PISCAM?".

SERES DA NOITE

ALGUNS ANIMAIS SÃO MAIS ATIVOS À NOITE. ELES SÃO CHAMADOS DE **ANIMAIS DE HÁBITOS NOTURNOS**. NESSE PERÍODO, ELES EXPLORAM O AMBIENTE E REALIZAM DIVERSAS ATIVIDADES, COMO PROCURAR ALIMENTO.

APÓS ANOITECER, PODEMOS SENTIR O CHEIRO DE ALGUMAS PLANTAS QUE ABREM SUAS FLORES NESSE PERÍODO.

▲ A ONÇA-PINTADA CAÇA PRINCIPALMENTE À NOITE. ELA TEM CERCA DE 2 METROS DE COMPRIMENTO.

▲ A FLOR DO MANDACARU SE ABRE À NOITE E MURCHA LOGO PELA MANHÃ. ABERTA, ELA TEM CERCA DE 15 CENTÍMETROS DE LARGURA.

3 ORGANIZE AS LETRAS E DESCUBRA O NOME DE DOIS ANIMAIS QUE SÃO ATIVOS À NOITE.

REPRESENTAÇÃO SEM PROPORÇÃO DE TAMANHO ENTRE OS ELEMENTOS.

CORES-FANTASIA

RU CO JA

PO MA RI SA

APRENDER SEMPRE

1. RESOLVA A CHARADA:
"ESTOU NO CÉU QUANDO VOCÊ VAI DORMIR. POSSO ESTAR BEM REDONDA OU BEM FININHA. QUEM SOU EU?"

_____

2. COMO ESTÁ O CÉU EM CADA MOMENTO DO DIA: CLARO OU ESCURO?

MANHÃ: _____

TARDE: _____

NOITE: _____

3. MARQUE COM UM **X** AS CARACTERÍSTICAS DO SOL.

- ☐ É UMA ESTRELA.
- ☐ FORNECE LUZ E CALOR.
- ☐ É UM PLANETA.

Cláudio Chiyo/ID/BR

4. EM SUA OPINIÃO, ONDE O SOL ESTÁ QUANDO ANOITECE? CONVERSE COM OS COLEGAS SOBRE SUA RESPOSTA.

5. ESCREVA O NOME DE UM ANIMAL DE HÁBITOS DIURNOS E O NOME DE UM ANIMAL DE HÁBITOS NOTURNOS.

_____

_____

6. EM GERAL, NÓS SOMOS MAIS ATIVOS DE DIA E DORMIMOS DURANTE A MAIOR PARTE DA NOITE. É DIREITO DE TODAS AS CRIANÇAS TER TEMPO E TRANQUILIDADE PARA DORMIR. O QUE VOCÊ ACHA DISSO? COMPARTILHE SUA OPINIÃO COM OS COLEGAS E OUÇA A OPINIÃO DELES.

SABER SER

7 NUMERE OS QUADROS, DEIXANDO-OS NA ORDEM CERTA DE ACORDO COM OS MOMENTOS DO DIA.

- QUAL QUADRO ESTÁ MOSTRANDO O AMANHECER? E QUAL ESTÁ MOSTRANDO O ANOITECER?

---

8 JUNTE-SE A TRÊS COLEGAS PARA PARTICIPAR DO JOGO DOS ANIMAIS DIURNOS E DOS ANIMAIS NOTURNOS. FORMEM DOIS GRUPOS.

- DESTAQUEM AS PEÇAS DO JOGO DAS PÁGINAS 113 A 115.
- EMBARALHEM AS FICHAS SOBRE A MESA COM OS TEXTOS VOLTADOS PARA BAIXO. JUNTEM AS FICHAS EM UM MONTE.
- COMECEM O JOGO! UM JOGADOR PEGA A PRIMEIRA FICHA E LÊ O TEXTO EM VOZ ALTA. O GRUPO ADVERSÁRIO TENTA IDENTIFICAR SE O ANIMAL É DIURNO OU NOTURNO. SE ACERTAR, O GRUPO FICA COM A FICHA. SE ERRAR, A FICHA VAI PARA O MONTE DO DESCARTE.
- UM JOGADOR DO OUTRO GRUPO PEGA A PRÓXIMA FICHA DO MONTE E LÊ EM VOZ ALTA. OS JOGADORES SEGUEM A LEITURA DAS FICHAS SE REVEZANDO ATÉ AS FICHAS ACABAREM. VENCE O GRUPO QUE TIVER MAIS FICHAS.

CAPÍTULO 2

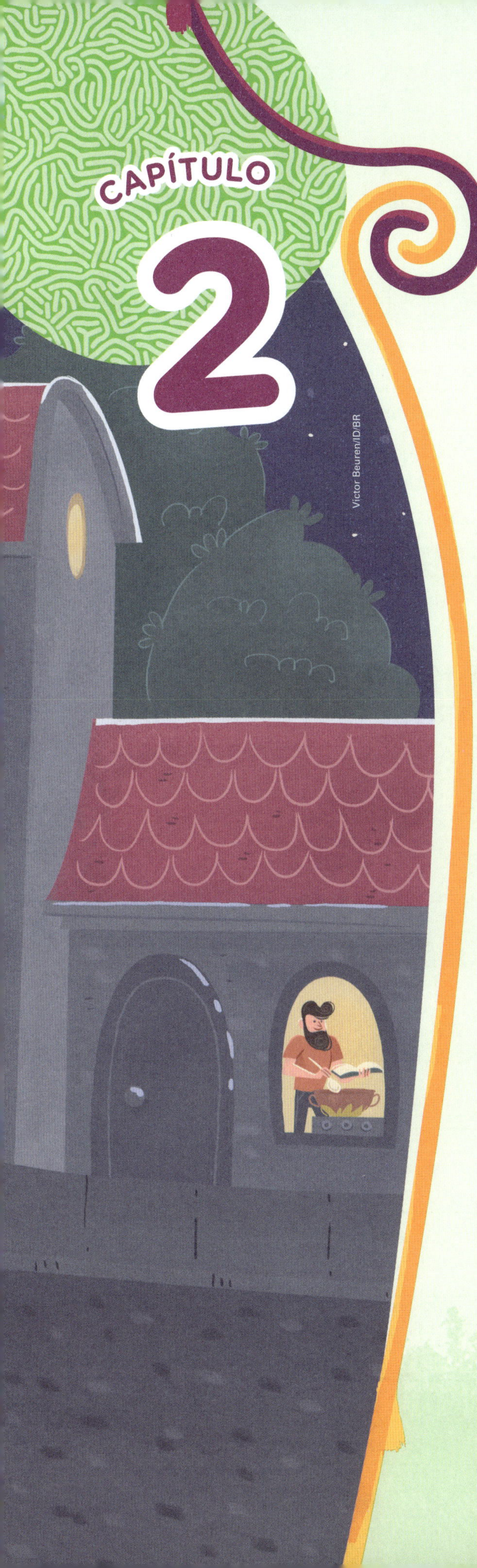

Victor Beuren/ID/BR

MINHA ROTINA

MUITAS PESSOAS SEGUEM UMA ROTINA, ISTO É, ELAS TÊM UM CONJUNTO DE ATIVIDADES E DE HÁBITOS QUE COSTUMAM REALIZAR NO DIA A DIA.

A IMAGEM AO LADO MOSTRA O QUE ALGUMAS PESSOAS FAZEM ÀS OITO HORAS DA NOITE DE UM DIA COMUM.

PARA COMEÇO DE CONVERSA

1. QUE ATIVIDADES RETRATADAS NA IMAGEM VOCÊ E SUA FAMÍLIA COSTUMAM FAZER NESSE MESMO HORÁRIO?
2. EM SUA CASA, HÁ ALGUMA ATIVIDADE QUE SE REPETE TODOS OS DIAS? SE SIM, QUAL?
3. COMO AS DIFERENTES TAREFAS SÃO REALIZADAS POR SUA FAMÍLIA? VOCÊ PARTICIPA DELAS? COMO VOCÊ SE SENTE AO PARTICIPAR DESSAS TAREFAS?

SABER SER

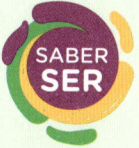

O TEMPO PASSA

PARA ORGANIZAR UMA ROTINA, É IMPORTANTE MEDIR A PASSAGEM DO TEMPO.

ANTIGAMENTE, AS PESSOAS USAVAM AS VARIAÇÕES ENTRE O DIA E A NOITE PARA CONTAR O TEMPO. ACREDITA-SE QUE ESSA CONTAGEM ERA FEITA USANDO OSSOS OU GRAVETOS.

▲ OS RELÓGIOS SERVEM PARA CONTAR A PASSAGEM DAS HORAS.

DEPOIS, O PERÍODO FORMADO POR UM DIA E UMA NOITE FOI DIVIDIDO EM 24 PARTES IGUAIS. CADA PARTE PASSOU A SER CHAMADA DE **HORA**.

1 HOJE, A PASSAGEM DO TEMPO É MEDIDA POR MEIO DE DIFERENTES INSTRUMENTOS. MARQUE COM UM **X** O OBJETO QUE NÃO É USADO PARA MEDIR A PASSAGEM DO TEMPO.

2 COMPLETE OS NOMES DOS OBJETOS DA ATIVIDADE ANTERIOR.

R			Ó		I		O		
		R	M	Ô				T	R	O
		P	U	L	H	E		T		
		A	L		N	D	Á	R		

O DIA EM QUE EU NASCI

NO DIA DO SEU **ANIVERSÁRIO**, VOCÊ COMEMORA UM ANO A MAIS DE VIDA. ESSA DATA ACONTECE TODOS OS ANOS NO DIA E NO MÊS DO SEU NASCIMENTO.

1. COM A AJUDA DE UM ADULTO, LEIA A TIRA ABAIXO.

JIM DAVIS. *GARFIELD*. DISPONÍVEL EM: https://www.gocomics.com/garfield/2008/06/09 (EM INGLÊS). ACESSO EM: 30 ABR. 2021.

A. RECONTE A HISTÓRIA DA TIRA PARA AS PESSOAS DA SUA CASA. DEPOIS, DIGA PARA OS COLEGAS O QUE AS PESSOAS ACHARAM DA HISTÓRIA.

B. O GATO SABE QUE O ANIVERSÁRIO DELE ESTÁ CHEGANDO?

☐ SIM. ☐ NÃO.

C. EM CASO AFIRMATIVO, COMO O GATO SABE QUE O ANIVERSÁRIO DELE ESTÁ CHEGANDO? CONVERSE COM OS COLEGAS SOBRE SUA RESPOSTA.

D. POR QUE VOCÊ ACHA QUE O GATO QUER UMA MÁQUINA DO TEMPO? CONVERSE COM OS COLEGAS SOBRE SUA RESPOSTA.

2. PERGUNTE A UM ADULTO DE SUA FAMÍLIA EM QUE ANO, MÊS E DIA VOCÊ NASCEU E ESCREVA ABAIXO.

3. COM BASE NA RESPOSTA À ATIVIDADE **2** E COM A AJUDA DO PROFESSOR, CALCULE QUANTOS ANIVERSÁRIOS VOCÊ JÁ FEZ.

O DIA A DIA NA ESCOLA

AS ATIVIDADES QUE REALIZAMOS NA ESCOLA ACONTECEM AO LONGO DA SEMANA, EM DIAS E HORÁRIOS PLANEJADOS. A **SEMANA** TEM SETE DIAS E É UMA FORMA DE CONTAR A PASSAGEM DOS DIAS.

1 PINTE DE **VERMELHO** OS QUADRINHOS DAS ATIVIDADES QUE VOCÊ FAZ QUASE TODOS OS DIAS. PINTE DE **AZUL** OS DAS ATIVIDADES QUE VOCÊ FAZ SÓ EM ALGUNS DIAS.

Ilustrações: Laís Bicudo/ID/BR

2 EM SUA OPINIÃO, COMO SERIA O FUNCIONAMENTO DA ESCOLA SEM UMA ROTINA? POR QUÊ? CONTE AOS COLEGAS.

3 O QUE VOCÊ MAIS GOSTA DE FAZER NA ESCOLA? CONVERSE COM OS COLEGAS SOBRE SUA RESPOSTA.

COMO OS MEUS DIAS ESTÃO ORGANIZADOS?

NO DIA A DIA DE JULIANA, ACONTECEM DIFERENTES EVENTOS. OBSERVE AS IMAGENS A SEGUIR.

- CHEGAR DA ESCOLA E REGAR AS PLANTAS DE CASA.
- IR À CASA DA VOVÓ DEPOIS DA ESCOLA.
- IR AO FUTEBOL. MAMÃE CHEGA MAIS TARDE EM CASA.
- TITIA ME LEVA AO PARQUE DEPOIS DA ESCOLA.
- COMER MACARRONADA DEPOIS DA ESCOLA.
- HOJE NÃO TEM AULA. LEVAR O BRUTUS PARA PASSEAR.
- HOJE NÃO TEM AULA. ALMOÇAR NA CASA DA VOVÓ.

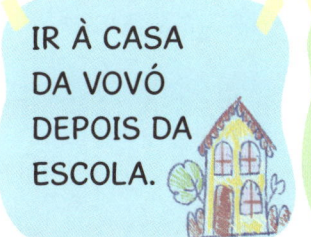

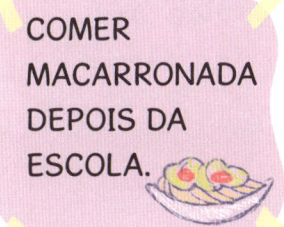

Ilustrações: Laís Bicudo/ID/BR

1 EM CADA QUADRO, ESCREVA UMA PALAVRA RELACIONADA ÀS SUAS ATIVIDADES DIÁRIAS.

SEGUNDA-FEIRA

TERÇA-FEIRA

QUARTA-FEIRA

QUINTA-FEIRA

SEXTA-FEIRA

SÁBADO

DOMINGO

2 A SUA ROTINA SE PARECE COM A ROTINA DE JULIANA? O QUE É IGUAL E O QUE É DIFERENTE NA ROTINA DE VOCÊS? CONVERSE COM OS COLEGAS SOBRE AS IGUALDADES E AS DIFERENÇAS ENTRE AS ROTINAS.

3 NO CADERNO, DESENHE O QUE VOCÊ MAIS GOSTA DE FAZER NO DIA A DIA.

PARA EXPLORAR

ESSE SONO QUE NÃO VEM, DE LÚCIA FIDALGO. EDITORA SCIPIONE.

UMA MENINA CONTA TUDO O QUE COSTUMA FAZER NO FIM DO DIA.

VAMOS LER IMAGENS!

O CALENDÁRIO

O **CALENDÁRIO** É USADO PARA MEDIR A PASSAGEM DO TEMPO. MAS ELE TAMBÉM SERVE PARA ORGANIZAR ACONTECIMENTOS E COMPROMISSOS COMUNS A UM GRUPO.

O CALENDÁRIO TEM 365 DIAS, QUE SÃO DIVIDIDOS EM MESES E SEMANAS, COMPONDO UM ANO. CALENDÁRIOS PODEM INDICAR DATAS COMEMORATIVAS, COMO O DIA DA INDEPENDÊNCIA DO BRASIL, EM SETE DE SETEMBRO, OU O DIA DA CONSCIÊNCIA NEGRA, EM VINTE DE NOVEMBRO.

OBSERVE O CALENDÁRIO A SEGUIR.

2023

JANEIRO						
DOM	SEG	TER	QUA	QUI	SEX	SÁB
1	2	3	4	5	6	7
8	9	10	11	12	13	14
15	16	17	18	19	20	21
22	23	24	25	26	27	28
29	30	31				

FEVEREIRO						
DOM	SEG	TER	QUA	QUI	SEX	SÁB
			1	2	3	4
5	6	7	8	9	10	11
12	13	14	15	16	17	18
19	20	21	22	23	24	25
26	27	28				

MARÇO						
DOM	SEG	TER	QUA	QUI	SEX	SÁB
			1	2	3	4
5	6	7	8	9	10	11
12	13	14	15	16	17	18
19	20	21	22	23	24	25
26	27	28	29	30	31	

ABRIL						
DOM	SEG	TER	QUA	QUI	SEX	SÁB
						1
2	3	4	5	6	7	8
9	10	11	12	13	14	15
16	17	18	19	20	21	22
23	24	25	26	27	28	29
30						

MAIO						
DOM	SEG	TER	QUA	QUI	SEX	SÁB
	1	2	3	4	5	6
7	8	9	10	11	12	13
14	15	16	17	18	19	20
21	22	23	24	25	26	27
28	29	30	31			

JUNHO						
DOM	SEG	TER	QUA	QUI	SEX	SÁB
				1	2	3
4	5	6	7	8	9	10
11	12	13	14	15	16	17
18	19	20	21	22	23	24
25	26	27	28	29	30	

JULHO						
DOM	SEG	TER	QUA	QUI	SEX	SÁB
						1
2	3	4	5	6	7	8
9	10	11	12	13	14	15
16	17	18	19	20	21	22
23	24	25	26	27	28	29
30	31					

AGOSTO						
DOM	SEG	TER	QUA	QUI	SEX	SÁB
		1	2	3	4	5
6	7	8	9	10	11	12
13	14	15	16	17	18	19
20	21	22	23	24	25	26
27	28	29	30	31		

SETEMBRO						
DOM	SEG	TER	QUA	QUI	SEX	SÁB
					1	2
3	4	5	6	7	8	9
10	11	12	13	14	15	16
17	18	19	20	21	22	23
24	25	26	27	28	29	30

OUTUBRO						
DOM	SEG	TER	QUA	QUI	SEX	SÁB
1	2	3	4	5	6	7
8	9	10	11	12	13	14
15	16	17	18	19	20	21
22	23	24	25	26	27	28
29	30	31				

NOVEMBRO						
DOM	SEG	TER	QUA	QUI	SEX	SÁB
			1	2	3	4
5	6	7	8	9	10	11
12	13	14	15	16	17	18
19	20	21	22	23	24	25
26	27	28	29	30		

DEZEMBRO						
DOM	SEG	TER	QUA	QUI	SEX	SÁB
					1	2
3	4	5	6	7	8	9
10	11	12	13	14	15	16
17	18	19	20	21	22	23
24	25	26	27	28	29	30
31						

▲ NESSE CALENDÁRIO, OS MESES ESTÃO DISPOSTOS EM UMA MESMA FOLHA E ESTÃO ORDENADOS DA ESQUERDA PARA A DIREITA E DE CIMA PARA BAIXO. CADA MÊS TEM CERCA DE QUATRO SEMANAS. CADA SEMANA TEM SETE DIAS.

EXISTEM VÁRIOS CALENDÁRIOS, QUE FORAM CRIADOS POR DIFERENTES POVOS. SÃO EXEMPLOS O CALENDÁRIO **JUDAICO**, O **MUÇULMANO**, O CHINÊS E DIVERSOS CALENDÁRIOS INDÍGENAS.

JUDAICO: RELATIVO AO JUDAÍSMO, QUE É UMA RELIGIÃO.

MUÇULMANO: RELATIVO AO ISLAMISMO, QUE É UMA RELIGIÃO.

◀ TODO MÊS, JULIANA TROCA A FOLHA DO CALENDÁRIO E MARCA SEUS COMPROMISSOS. ELA COSTUMA RISCAR OS DIAS QUE PASSARAM.

AGORA É A SUA VEZ

1 OBSERVE NOVAMENTE O CALENDÁRIO DA PÁGINA ANTERIOR.

    A. CIRCULE DE **VERMELHO** O MÊS DO SEU ANIVERSÁRIO.

    B. CIRCULE A DATA DE ANIVERSÁRIO DE CADA UM DOS COLEGAS DE CLASSE. IDENTIFIQUE, COM A INICIAL DO NOME, A QUEM CORRESPONDE CADA CÍRCULO.

    C. PROCURE SABER SE ALGUM COLEGA FAZ ANIVERSÁRIO NO MESMO MÊS QUE VOCÊ. QUEM SÃO ELES?

2 POR QUE ALGUMAS DATAS ESTÃO MARCADAS EM COR-DE-ROSA NO CALENDÁRIO DA PÁGINA ANTERIOR? CONVERSE COM OS COLEGAS E O PROFESSOR.

APRENDER SEMPRE

1 COM A AJUDA DE UM ADULTO DE SUA FAMÍLIA, COMPLETE O QUADRO COM AS ATIVIDADES QUE VOCÊ REALIZA NA ESCOLA EM CADA DIA DA SEMANA. DEPOIS, LEIA O QUE ESCREVEU EM VOZ ALTA.

SEGUNDA-FEIRA	
TERÇA-FEIRA	
QUARTA-FEIRA	
QUINTA-FEIRA	
SEXTA-FEIRA	

- DESTAQUE AS TRÊS PEÇAS DA PÁGINA 117. NO DISCO MAIOR, DESENHE UMA ATIVIDADE QUE VOCÊ REALIZA EM SUA CASA EM CADA DIA DA SEMANA. DEPOIS, UTILIZE UM PEDAÇO DE CANUDO PARA JUNTAR AS PEÇAS.

2 COM A AJUDA DO PROFESSOR, RESPONDA ÀS PERGUNTAS.

A. QUE DIA DA SEMANA É HOJE? _____

B. QUE DIA DA SEMANA FOI ONTEM? _____

C. QUE DIA DA SEMANA SERÁ AMANHÃ? _____

D. AMANHÃ HAVERÁ AULA? ☐ SIM.   ☐ NÃO.

3 PINTE DE **VERDE** OS QUADRINHOS DAS ATIVIDADES QUE VOCÊ COSTUMA FAZER NOS DIAS DE AULA. PINTE DE **AZUL** OS QUADRINHOS DAS ATIVIDADES QUE VOCÊ COSTUMA FAZER NOS DIAS EM QUE NÃO VAI À ESCOLA.

Ilustrações: Laís Bicudo/ID/BR

4 UMA AGENDA É UM MATERIAL QUE SE PARECE COM UM LIVRO. A AGENDA CONTÉM UMA DIVISÃO BASEADA NOS DIAS E MESES DO ANO. COMO O USO DA AGENDA PODE AJUDAR VOCÊ A RESPEITAR A ROTINA DA ESCOLA? E A SEGUIR A ROTINA DA SUA CASA? CONVERSE COM OS COLEGAS SOBRE SUAS RESPOSTAS.

SABER SER

40

CAPÍTULO 3

MEU CORPO

AS CRIANÇAS DA IMAGEM AO LADO ESTÃO RECRIANDO UM DESENHO MUITO FAMOSO NO MUNDO TODO, CONHECIDO COMO *HOMEM VITRUVIANO*. ESSE DESENHO FOI FEITO POR LEONARDO DA VINCI, UM PINTOR, INVENTOR E CIENTISTA ITALIANO.

PARA COMEÇO DE CONVERSA

1. QUAIS PARTES DO CORPO AS CRIANÇAS ESTÃO USANDO PARA RECRIAR O DESENHO DE LEONARDO DA VINCI?

2. O QUE ESSAS CRIANÇAS TÊM DE SEMELHANTE E DE DIFERENTE ENTRE SI?

3. VOCÊ SABE O NOME DO PROFISSIONAL QUE AJUDA A CUIDAR DA SAÚDE DO SEU CORPO?

4. QUAIS CUIDADOS COM O CORPO VOCÊ CONSIDERA MAIS IMPORTANTES? POR QUÊ?

SABER SER

DO QUE OS SERES VIVOS PRECISAM?

AS NECESSIDADES BÁSICAS DE UM SER VIVO SÃO TODAS AQUELAS DE QUE ELE PRECISA PARA SE MANTER VIVO.

OS SERES HUMANOS E OS OUTROS ANIMAIS PRECISAM SE **ALIMENTAR**, **BEBER ÁGUA** E **DORMIR** PARA VIVER.

1 OBSERVE ALGUNS EVENTOS DA ROTINA DE MARCELA. MARQUE COM UM **X** AS ILUSTRAÇÕES QUE REPRESENTAM NECESSIDADES BÁSICAS DOS SERES HUMANOS E DE OUTROS ANIMAIS.

2 COMO SABEMOS QUANDO O NOSSO CORPO ESTÁ PRECISANDO DE COMIDA, DE ÁGUA OU DE DESCANSO? CONVERSE COM OS COLEGAS E O PROFESSOR.

PARTES DO CORPO

O CORPO HUMANO É FORMADO PELA **CABEÇA**, PELO **TRONCO** E PELOS **MEMBROS**.

NA FOTO DA MENINA, VEJA AS PRINCIPAIS PARTES DO CORPO HUMANO E COMPARE COM SEU PRÓPRIO CORPO.

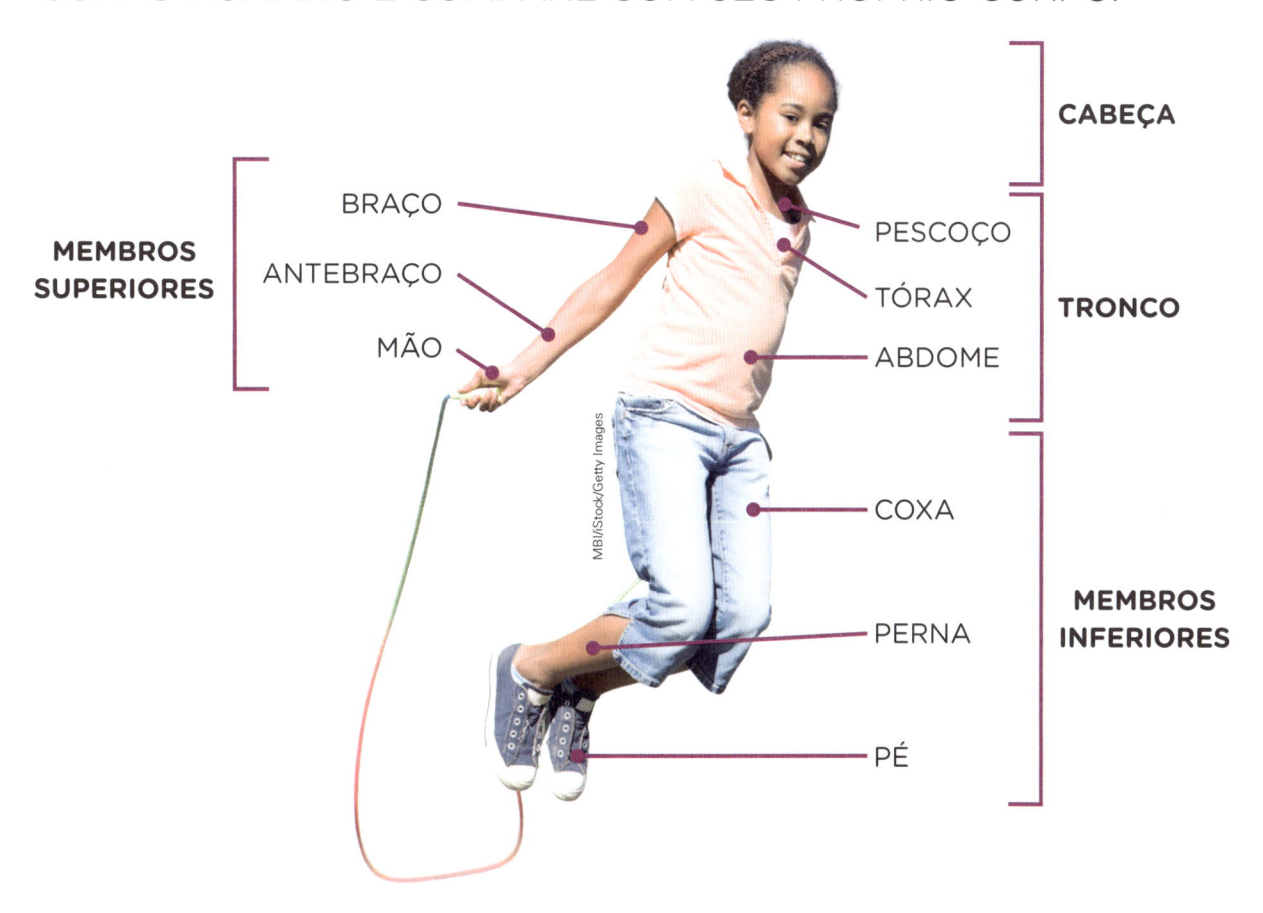

MEMBROS SUPERIORES
- BRAÇO
- ANTEBRAÇO
- MÃO

CABEÇA

TRONCO
- PESCOÇO
- TÓRAX
- ABDOME

MEMBROS INFERIORES
- COXA
- PERNA
- PÉ

MBI/iStock/Getty Images

A CABEÇA ESTÁ LIGADA AO TRONCO PELO PESCOÇO.

OS **MEMBROS SUPERIORES** SÃO AS MÃOS, OS ANTEBRAÇOS E OS BRAÇOS.

OS **MEMBROS INFERIORES** SÃO OS PÉS, AS PERNAS E AS COXAS.

PARA EXPLORAR

EU SOU ASSIM E VOU TE MOSTRAR, DE HEINZ JANISCH. EDITORA BRINQUE-BOOK.

POR MEIO DE VERSOS, ESSE LIVRO APRESENTA O CORPO HUMANO E COMPARA AS PARTES DO CORPO HUMANO COM AS PARTES DO CORPO DE OUTROS ANIMAIS.

NA PRÁTICA

EU SOU ASSIM

NESTA ATIVIDADE, VAMOS CONHECER MELHOR O CORPO HUMANO. SERÁ QUE A FORMA E AS CARACTERÍSTICAS DO NOSSO CORPO SÃO PARECIDAS COM AS DO CORPO DE NOSSOS COLEGAS?

VOCÊ VAI PRECISAR DE:

- LÁPIS DE COR
- CANETA HIDROCOR COLORIDA
- LÁPIS
- PAPEL *KRAFT*

COMO FAZER

1. ORGANIZEM-SE EM DUPLAS. PEÇA AO COLEGA QUE SE DEITE SOBRE O PAPEL *KRAFT* PARA QUE VOCÊ DESENHE O CONTORNO DO CORPO DELE.
2. PEÇA A ELE QUE LEVANTE A MÃO DIREITA. ESCREVA A LETRA "D" AO LADO DO CONTORNO DESSA MÃO.
3. PEÇA A ELE QUE FAÇA O MESMO COM A MÃO ESQUERDA E ESCREVA A LETRA "E" AO LADO DO CONTORNO DELA.
4. TROQUE DE LUGAR COM O COLEGA. REPITAM A ETAPA **1**, FAZENDO O CONTORNO DE SEU CORPO EM UMA NOVA FOLHA DE PAPEL *KRAFT*.
5. SEU COLEGA DEVE REPETIR AS ETAPAS **2** E **3**.

PARA FINALIZAR

1. NO DESENHO DE SEU CORPO, PINTE A MÃO QUE VOCÊ USA PARA ESCREVER E DESENHAR. QUAL É ELA?

☐ DIREITA.   ☐ ESQUERDA.

2 QUE PARTES DO CORPO VOCÊ CONSEGUE IDENTIFICAR NO DESENHO DE SEU CORPO? CIRCULE ESSAS PARTES NA LISTA DE PALAVRAS ABAIXO.

PÉS	BRAÇOS	PESCOÇO
MÃOS	DEDOS DAS MÃOS	COXAS
CABEÇA	ABDOME	ANTEBRAÇOS
PERNAS	TÓRAX	DEDOS DOS PÉS

3 COMPARE O DESENHO DE SEU CORPO COM O DESENHO DO CORPO DE SEU COLEGA DE DUPLA. CONVERSE COM ELE SOBRE AS SEMELHANÇAS E AS DIFERENÇAS QUE VOCÊS ENCONTRARAM.

4 OBSERVE OS DESENHOS DOS DEMAIS COLEGAS. VOCÊ SABERIA RECONHECER SEUS COLEGAS PELA FORMA DO CORPO DELES?

5 COMPLETE O DESENHO DE SEU CORPO COM DETALHES DE SEU ROSTO E ALGUMAS OUTRAS CARACTERÍSTICAS. VOCÊ PODE, POR EXEMPLO, PINTÁ-LO COM UMA COR PARECIDA COM O TOM DE SUA PELE.

- AGORA, OBSERVE OS DESENHOS DOS DEMAIS COLEGAS. FICOU MAIS FÁCIL RECONHECER SEUS COLEGAS? E FICOU MAIS FÁCIL PERCEBER AS DIFERENÇAS ENTRE VOCÊS? CONVERSE COM OS COLEGAS E O PROFESSOR.

MEUS DENTES

VOCÊ SABIA QUE NASCEMOS SEM **DENTES**? ELES NASCEM E SE DESENVOLVEM DURANTE OS NOSSOS PRIMEIROS ANOS DE VIDA.

POR VOLTA DOS 6 ANOS DE IDADE, OS DENTES COMEÇAM A CAIR. ESSES SÃO OS **DENTES DE LEITE**.

DEPOIS, NOVOS DENTES NASCEM. SÃO OS **DENTES PERMANENTES**, QUE NÃO SÃO MAIS TROCADOS.

▲ OS DENTES COSTUMAM NASCER POR VOLTA DOS 8 MESES DE IDADE.

▲ A TROCA DOS DENTES GERALMENTE COMEÇA AOS 6 ANOS.

CADA UM É CADA UM

AS CARACTERÍSTICAS FÍSICAS DAS PESSOAS VARIAM E TORNAM CADA PESSOA ÚNICA. POR ISSO, TODOS DEVEMOS SER TRATADOS COM IGUALDADE E RESPEITO.

1 TODAS AS CRIANÇAS DEVEM TER IGUALDADE DE CONDIÇÕES PARA FREQUENTAR A ESCOLA. MARQUE COM UM **X** A IMAGEM DA ESCOLA QUE RESPEITA ESSE DIREITO.

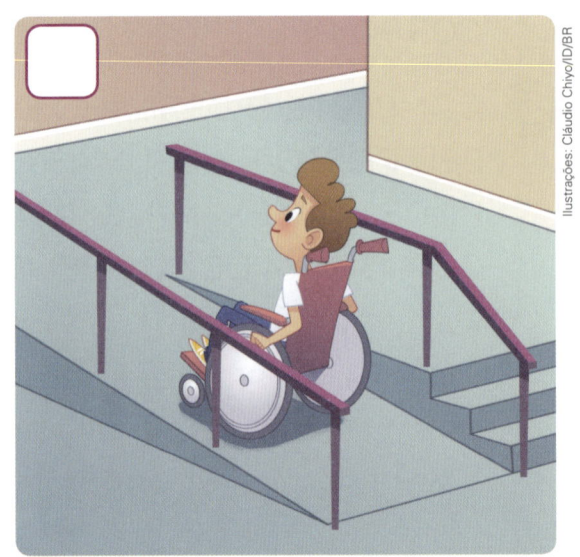

POR ENQUANTO EU SOU CRIANÇA

A **INFÂNCIA** É O PERÍODO QUE COMEÇA COM O NOSSO NASCIMENTO E VAI ATÉ QUANDO TEMOS CERCA DE 12 ANOS.

QUANDO NASCEMOS, SOMOS BEBÊS. ENQUANTO O NOSSO CORPO CRESCE, APRENDEMOS A ANDAR E A FALAR.

MEU CORPO VAI MUDAR?

DESDE O NASCIMENTO, PASSAMOS POR TRANSFORMAÇÕES. MUDAMOS TAMBÉM O NOSSO JEITO DE SER E DE VIVER.

1 CONVERSE COM OS COLEGAS SOBRE OS TIPOS DE BRINCADEIRAS DE QUE VOCÊ GOSTAVA ANTES E QUE HOJE JÁ NÃO GOSTA MAIS.

2 NÓS PERCEBEMOS QUE CRESCEMOS QUANDO NOSSAS ROUPAS FICAM PEQUENAS EM NOSSO CORPO. O QUE PODEMOS FAZER COM ELAS?

☐ JOGAR NO LIXO. ☐ DOAR A OUTRAS CRIANÇAS.

3 NO ESPAÇO ABAIXO, FAÇA UM DESENHO QUE MOSTRE COMO VOCÊ SE IMAGINA QUANDO TIVER 30 ANOS DE IDADE.

APRENDER SEMPRE

1. LEIA EM VOZ ALTA E COPIE, DA LISTA ABAIXO, O NOME DA PARTE DO CORPO QUE VOCÊ USA PARA REALIZAR CADA UM DOS MOVIMENTOS LISTADOS EM SEGUIDA.

   BOCA   MÃOS

   BRAÇOS   PERNAS

   ABRIR UMA PORTA: _____

   AGACHAR: _____

   PULAR: _____

   PEGAR UM OBJETO NO ALTO: _____

   CAMINHAR: _____

   GARGALHAR: _____

2. RETOME O DESENHO DE SEU CORPO E FAÇA O QUE SE PEDE.

   A. PINTE DE **VERMELHO** A PARTE QUE COMEÇA COM A LETRA **N**.

   B. CIRCULE AS PARTES QUE COMEÇAM COM A LETRA **J**.

   C. CIRCULE DE **AZUL** O LADO ESQUERDO DE SEU CORPO, MENOS A MÃO.

   D. CIRCULE DE **PRETO** O LADO DIREITO DE SEU CORPO, MENOS A MÃO.

   E. MARQUE COM UM **X** AS PARTES DO CORPO QUE APARECEM DUAS VEZES.

   F. AGORA, EXPLIQUE AOS COLEGAS E AO PROFESSOR O QUE VOCÊ FAZ COM CADA UMA DESSAS PARTES DO CORPO QUE VOCÊ MARCOU COM UM **X**.

3 OBSERVE AS PESSOAS DA FOTO ABAIXO.

A. COM UM LÁPIS **VERMELHO**, CONTORNE AS PESSOAS QUE ESTÃO NO PERÍODO DA INFÂNCIA.

B. CONTE QUANTOS ADULTOS ESTÃO NA FOTO.

4 COM A AJUDA DE UM ADULTO, PESQUISE EM REVISTAS A FOTO DE UMA PESSOA QUE SEJA PARECIDA COM VOCÊ. RECORTE ESSA FOTO E COLE-A NO QUADRO ABAIXO.

- CONTE A UM COLEGA AS SEMELHANÇAS ENTRE VOCÊ E A PESSOA DA FOTO ESCOLHIDA.

5 POR QUE É IMPORTANTE CUIDAR BEM DOS DENTES?

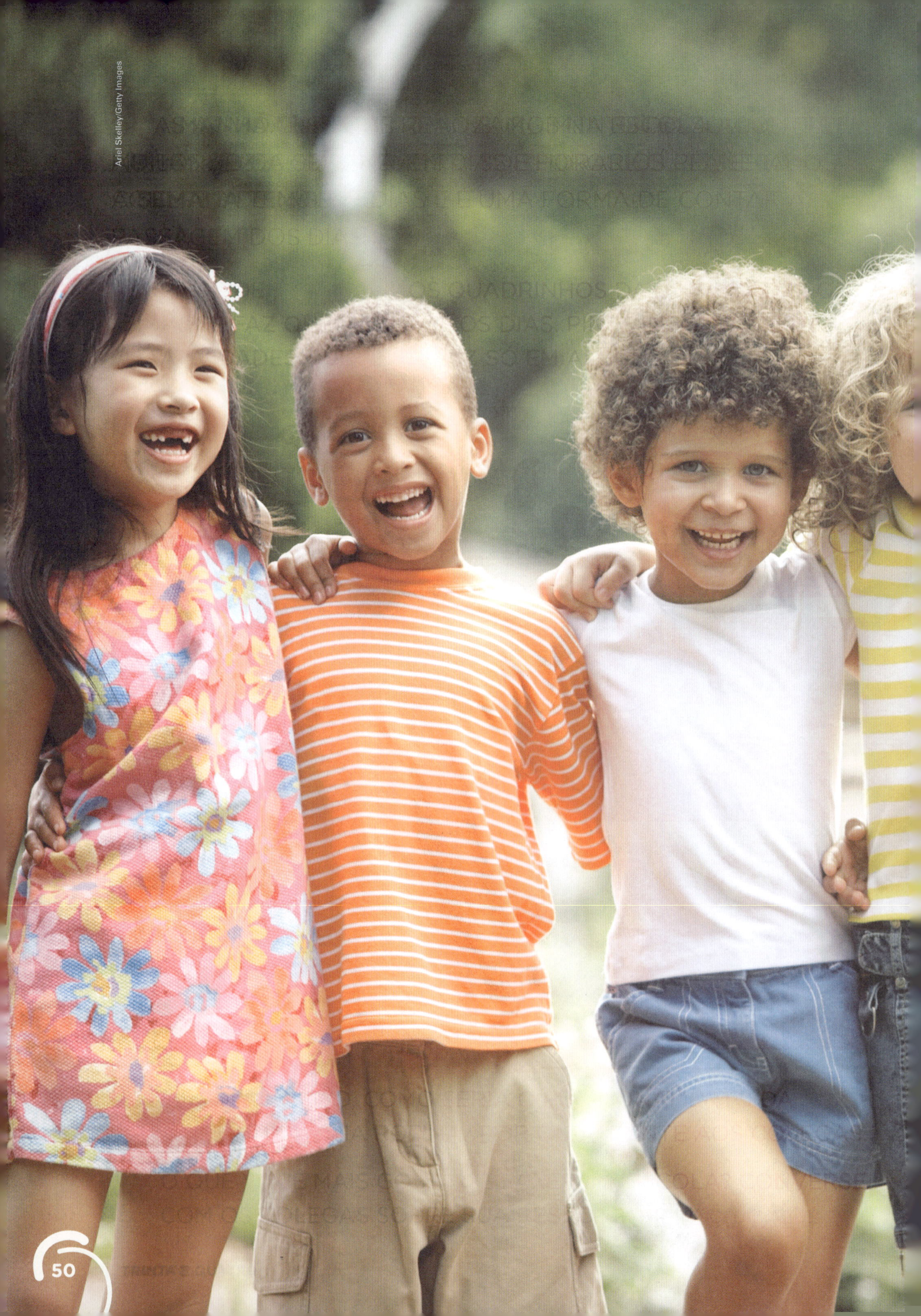

Ariel Skelley/Getty Images

CAPÍTULO 4

AS PESSOAS SÃO DIFERENTES

AS PESSOAS PODEM SER MUITO DIFERENTES UMAS DAS OUTRAS. MESMO AS PESSOAS QUE FAZEM PARTE DA NOSSA FAMÍLIA SÃO DIFERENTES: CADA UMA TEM UM JEITO QUE A TORNA ÚNICA.

PARA COMEÇO DE CONVERSA

1. NA IMAGEM AO LADO, QUE DIFERENÇAS E SEMELHANÇAS VOCÊ NOTA ENTRE AS CRIANÇAS?

2. VOCÊ ACHA QUE DUAS PESSOAS MUITO PARECIDAS FISICAMENTE TAMBÉM TÊM O MESMO JEITO DE SER? POR QUÊ?

3. VOCÊ JÁ PRESENCIOU UMA CRIANÇA SENDO EXCLUÍDA POR SER DIFERENTE? O QUE VOCÊ ACHA DESSE TIPO DE ATITUDE?

SABER SER

◀ AS CRIANÇAS DA FOTO SÃO DIFERENTES ENTRE SI.

CINQUENTA E UM 51

A FAMÍLIA DE CADA UM

A FAMÍLIA DE CADA UM É ÚNICA. CADA FAMÍLIA É FORMADA DE UMA MANEIRA, TEM TAMANHO E TEM HÁBITOS PRÓPRIOS.

1 OBSERVE AS IMAGENS ABAIXO. PINTE DE **VERMELHO** O QUADRINHO DA FAMÍLIA QUE MAIS SE PARECE COM A SUA.

Ilustrações: Raitan Oh/ID/BR

2 AS IMAGENS ACIMA MOSTRAM PESSOAS DIFERENTES. OBSERVE SEUS COLEGAS. QUAIS SÃO AS SEMELHANÇAS E AS DIFERENÇAS FÍSICAS ENTRE VOCÊS? CONTE AOS COLEGAS E AO PROFESSOR.

PARA EXPLORAR

MINHA FAMÍLIA É COLORIDA, DE GEORGINA MARTINS. EDIÇÕES SM.

ESSE LIVRO MOSTRA A FAMÍLIA DE ÂNGELO. NESSA FAMÍLIA, CADA PESSOA É DIFERENTE DA OUTRA.

MINHA FAMÍLIA

AS PESSOAS SE UNEM POR LAÇOS DE **PARENTESCO** E DE AFETO, FORMANDO FAMÍLIAS.

CADA PESSOA QUE FAZ PARTE DE UMA FAMÍLIA TEM UMA APARÊNCIA E UM JEITO DE SER ÚNICO, QUE PODEM SER OU NÃO SER PARECIDOS COM A APARÊNCIA E O JEITO DE SER DOS OUTROS FAMILIARES.

> **PARENTESCO:** RELAÇÃO ENTRE PESSOAS QUE SÃO PARENTES, COMO PAIS E FILHOS, IRMÃOS, PRIMOS, NETOS E AVÓS, ETC.

CONVERSE COM OS COLEGAS E O PROFESSOR SOBRE AS QUESTÕES A SEGUIR.

1. DESENHE SUA FAMÍLIA NO CADERNO.

2. ASSINALE COM UM **X** E LEIA EM VOZ ALTA AS PESSOAS DE SUA FAMÍLIA QUE VOCÊ DESENHOU.

   - [ ] PAI.
   - [ ] TIO.
   - [ ] AVÓ.
   - [ ] PRIMA.
   - [ ] IRMÃ.
   - [ ] AVÔ.
   - [ ] PRIMO.
   - [ ] OUTRAS: _____
   - [ ] MÃE.
   - [ ] TIA.
   - [ ] IRMÃO.

3. TROQUE DE CADERNO COM UM COLEGA E VEJA A FAMÍLIA QUE ELE DESENHOU.

   A. A FAMÍLIA DELE SE PARECE COM A SUA? POR QUÊ?

   B. CONVERSE COM O COLEGA SOBRE AS DIFERENÇAS E AS SEMELHANÇAS ENTRE AS FAMÍLIAS DE VOCÊS.

4. PARA VOCÊ, O QUE SIGNIFICA FAMÍLIA?

5. CADA FAMÍLIA ORGANIZA A SUA ROTINA DE UMA MANEIRA. QUAIS TAREFAS DE CASA VOCÊ REALIZA NO SEU DIA A DIA?

AS PESSOAS SE COMUNICAM

A COMUNICAÇÃO ENTRE AS PESSOAS É MUITO IMPORTANTE. VOCÊ PODE QUERER ALGUMA COISA OU TER UMA IDEIA OU UMA HISTÓRIA PARA CONTAR A ALGUÉM EM QUALQUER MOMENTO.

DESDE A INFÂNCIA, NÓS APRENDEMOS UM CONJUNTO DE CÓDIGOS E DE SINAIS QUE USAMOS PARA NOS COMUNICAR CHAMADO DE LÍNGUA OU IDIOMA. CADA PAÍS TEM UMA LÍNGUA OFICIAL FALADA PELA MAIORIA DA POPULAÇÃO.

AS LÍNGUAS OFICIAIS DO BRASIL SÃO A **LÍNGUA PORTUGUESA** E A LÍNGUA BRASILEIRA DE SINAIS, OU **LIBRAS**.

1 CIRCULE E LEIA EM VOZ ALTA OS TRÊS MEIOS QUE VOCÊ MAIS USA PARA SE COMUNICAR.

| FALA | ESCRITA | DESENHO | LIBRAS |

2 QUANDO VOCÊ ASSISTE A UM PROGRAMA NA TELEVISÃO OU NA INTERNET, VOCÊ PERCEBE QUE AS PESSOAS TÊM MANEIRAS DIFERENTES DE FALAR? PARA VOCÊ, POR QUE ISSO ACONTECE? CONVERSE COM OS COLEGAS E O PROFESSOR.

▲ É POSSÍVEL GRAVAR VÍDEOS UTILIZANDO CÂMERAS DIGITAIS OU *SMARTPHONES*.

VÁRIOS MODOS DE FALAR

EXISTEM VÁRIOS MODOS DE FALAR EM NOSSO PAÍS. POR EXEMPLO, UMA BRINCADEIRA PODE SER CONHECIDA POR UM NOME NO LUGAR ONDE VOCÊ MORA E SER CONHECIDA POR OUTRO NOME EM OUTRO LUGAR. A MANEIRA COMO AS PESSOAS PRONUNCIAM AS PALAVRAS TAMBÉM PODE VARIAR DE ACORDO COM O LUGAR EM QUE VIVEM.

3 OBSERVE A ILUSTRAÇÃO AO LADO. POR QUAL NOME VOCÊ CONHECE ESSE BRINQUEDO?

☐ PIPA. ☐ PAPAGAIO.

☐ ARRAIA. ☐ PANDORGA.

☐ OUTRO. QUAL? _____

4 POR QUE DEVEMOS RESPEITAR OS DIFERENTES MODOS DE FALAR DAS PESSOAS? CONVERSE COM OS COLEGAS.

5 COM A AJUDA DE UM ADULTO, LEIA EM VOZ ALTA O TEXTO A SEGUIR.

> O SISTEMA BRAILLE É UM PROCESSO DE ESCRITA E LEITURA BASEADO EM 64 SÍMBOLOS **EM RELEVO** [...]. PODE-SE FAZER A REPRESENTAÇÃO TANTO DE LETRAS, COMO ALGARISMOS E SINAIS DE PONTUAÇÃO. ELE É UTILIZADO POR PESSOAS CEGAS OU COM BAIXA VISÃO, E A LEITURA É FEITA DA ESQUERDA PARA A DIREITA, AO TOQUE DE UMA OU DUAS MÃOS AO MESMO TEMPO.
>
> RENATA COSTA. COMO FUNCIONA O SISTEMA BRAILLE? *NOVA ESCOLA*, 1º SET. 2009. DISPONÍVEL EM: https://novaescola.org.br/conteudo/397/como-funciona-sistema-braille. ACESSO EM: 30 ABR. 2021.

EM RELEVO: QUE SE DESTACA EM UMA SUPERFÍCIE LISA.

- EXPLIQUE O QUE É O SISTEMA BRAILE E PARA QUE ELE SERVE.

6 DESTAQUE AS IMAGENS DA PÁGINA 119. DEPOIS, COLE ESSAS IMAGENS NOS ESPAÇOS CORRESPONDENTES E DESCUBRA ALGUNS MEIOS QUE USAMOS PARA NOS COMUNICAR.

EU NÃO EMITO SONS NEM FAÇO GESTOS, MAS QUEM ME VÊ OU SABE LER PODE MUITO BEM ME ENTENDER!

▲ ESCRITA E DESENHO.

EU TENHO FORMAS E ME COMUNICO POR MEIO DELAS.

▲ DESENHO OU ESCULTURA.

EU NÃO EMITO SONS, MAS ME COMUNICO POR MEIO DE GESTOS.

▲ LIBRAS.

PARA ME ENTENDER, BASTA USAR ESTE APARELHO E ME ESCUTAR.

▲ FALA.

NA PRÁTICA

EU ME COMUNICO BRINCANDO

VOCÊ JÁ USOU UM TELEFONE DE COPOS PARA SE COMUNICAR?

VOCÊ VAI PRECISAR DE:

- DOIS COPOS DE PLÁSTICO DURO
- MARTELO
- DEZ METROS DE BARBANTE
- PREGO NOVO
- FITA ADESIVA
- CANETA

ATENÇÃO!

CUIDADO PARA NÃO SE MACHUCAR COM A PONTA DO PREGO E COM O MARTELO.

COMO FAZER

1. MARQUE O CENTRO DO FUNDO DE CADA COPO COM UMA CANETA. ESPERE O PROFESSOR FURAR O FUNDO DO COPO NA POSIÇÃO MARCADA.

2. PASSE A PONTA DO BARBANTE PELO FURO DE UM DOS COPOS. FAÇA UM NÓ NA PONTA QUE FICOU DENTRO DO COPO. FIXE O NÓ NO FUNDO DO COPO COM FITA ADESIVA.

3. REPITA OS PASSOS **1** E **2** NO OUTRO COPO, USANDO A EXTREMIDADE LIVRE DO BARBANTE.

4. PEÇA A UM COLEGA QUE COLOQUE UM DOS COPOS JUNTO À ORELHA ENQUANTO VOCÊ ESTICA BEM O BARBANTE. USE O OUTRO COPO PARA FALAR. USE UM TOM NORMAL DE VOZ. NÃO É PRECISO FALAR ALTO.

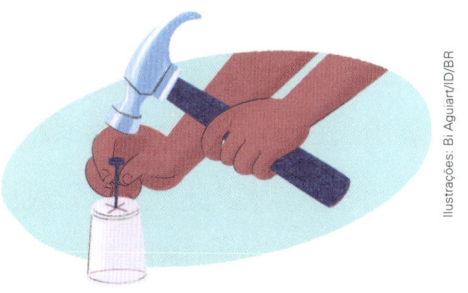

PARA FINALIZAR

1. VOCÊ CONSEGUIU OUVIR BEM O COLEGA? QUAL É A VANTAGEM DE USAR O TELEFONE DE COPOS PARA SE COMUNICAR?

PESSOAS E LUGARES

UM JEITO DE SE COMUNICAR ENTRE OS PATAXÓ

OS POVOS INDÍGENAS PATAXÓ TÊM COMO TRADIÇÃO USAR UM APITO QUE IMITA O SOM DE AVES PARA CHAMAR ALGUÉM DA FAMÍLIA QUE ESTÁ NA MATA. ELES FAZEM ISSO PARA QUE OUTRAS PESSOAS QUE OUVIREM ESSE SOM NÃO PERCEBAM SUA PRESENÇA.

OS GRUPOS INDÍGENAS PATAXÓ VIVEM PRINCIPALMENTE NA BAHIA. NA FOTO, TERRA INDÍGENA PATAXÓ EM PORTO SEGURO, BAHIA, EM 2019.

APITO USADO PELOS INDÍGENAS PATAXÓ PARA IMITAR SONS DE AVES.

AS CRIANÇAS PATAXÓ USAM APITO EM SUAS BRINCADEIRAS. CARAÍVA, BAHIA. FOTO DE 2014.

PARA EXPLORAR

OS SONS DOS ANIMAIS PELOS PATAXÓ.
DISPONÍVEL EM: https://www.youtube.com/watch?v=TtmXmH6a-9w.
ACESSO EM: 8 JAN. 2021.

VEJA E OUÇA UM INDÍGENA PATAXÓ REPRODUZINDO SONS DE AVES E DE OUTROS ANIMAIS DURANTE OS JOGOS DOS POVOS INDÍGENAS DE 2013.

O USO DO APITO PARA ATRAIR AVES É OUTRA TRADIÇÃO DOS PATAXÓ. AS AVES SE CONFUNDEM COM OS SONS DO APITO E SE APROXIMAM.

OS PATAXÓ TÊM VÁRIAS OUTRAS MANEIRAS DE SE COMUNICAR. HOJE, ELES USAM A INTERNET E AS REDES SOCIAIS PARA DIVULGAR SUA CULTURA, LUTAR POR SEUS DIREITOS E CONHECER A CULTURA DE OUTROS POVOS.

▲ INDÍGENA PATAXÓ USANDO COMPUTADOR EM PORTO SEGURO, BAHIA. FOTO DE 2014.

1 MARQUE COM UM **X** OS QUADRINHOS QUE INDICAM COM QUEM OS PATAXÓ SE COMUNICAM QUANDO USAM O APITO.

☐ PESSOAS DA PRÓPRIA FAMÍLIA.

☐ PESSOAS QUE VIVEM FORA DA ALDEIA.

☐ AVES.

2 ATUALMENTE, O APITO DOS PATAXÓ É USADO POR PESSOAS QUE ESTUDAM AVES. EM SUA OPINIÃO, PARA QUE OS PESQUISADORES USAM ESSE APITO?

3 ASSIM COMO OS PATAXÓ, VOCÊ TAMBÉM PODE TER UM MEIO PRÓPRIO PARA SE COMUNICAR.

A. COM A AJUDA DO PROFESSOR, CRIE COM OS COLEGAS SÍMBOLOS COM SIGNIFICADOS QUE SÓ VOCÊS SABERÃO DECIFRAR.

B. ESCREVA UMA PALAVRA USANDO OS SÍMBOLOS CRIADOS. TROQUE INFORMAÇÕES COM OS COLEGAS.

APRENDER SEMPRE

1 VOCÊ SABE O QUE É UM TRAVA-LÍNGUA? LEIA O TEXTO ABAIXO EM VOZ ALTA E VEJA O QUE ACONTECE.

> POR QUE PIA, PARDAL PARDO?
> PORQUE PIO E PIAREI,
> PORQUE SOU O PARDAL PARDO,
> PORQUE PIO PARA O REI.
>
> DOMÍNIO PÚBLICO.

A. O TRAVA-LÍNGUA APRESENTA UMA FORMA DE COMUNICAÇÃO DE UMA AVE, O PARDAL. QUAL É ESSA FORMA? RESPONDA NO CADERNO.

B. DE QUE OUTRAS FORMAS OS ANIMAIS SE COMUNICAM? CONVERSE COM OS COLEGAS E O PROFESSOR.

2 PESSOAS QUE NÃO FALAM OU QUE NÃO ESCUTAM SE COMUNICAM COM OS GESTOS DAS MÃOS. ELAS UTILIZAM A LÍNGUA BRASILEIRA DE SINAIS (LIBRAS) PARA SE EXPRESSAR.

A. VAMOS APRENDER ALGUMAS PALAVRAS EM LIBRAS? OBSERVE AS ILUSTRAÇÕES E FAÇA COM AS MÃOS OS GESTOS QUE REPRESENTAM AS PALAVRAS ABAIXO.

▲ BRINCAR.    ▲ COMER.    ▲ FAMÍLIA.    ▲ CASA.

B. VOCÊ ACHA IMPORTANTE EXISTIR UMA LINGUAGEM DE SINAIS QUE É IGUAL EM TODO O BRASIL? POR QUÊ? COMPARTILHE SUA OPINIÃO COM OS COLEGAS E O PROFESSOR.

3. VAMOS NOS ORGANIZAR EM GRUPOS PARA BRINCAR DE JOGO DO ADIVINHA? NESSE JOGO, VAMOS USAR O CORPO PARA NOS COMUNICAR. LEIAM AS ORIENTAÇÕES A SEGUIR.

A. CADA GRUPO DEVE ESCOLHER UMA PALAVRA E ANOTÁ-LA NO CADERNO. TOMEM CUIDADO PARA QUE NINGUÉM DOS OUTROS GRUPOS VEJA A PALAVRA ESCOLHIDA.

B. OS INTEGRANTES DO GRUPO SORTEADO PARA INICIAR O JOGO DEVEM FAZER GESTOS QUE REPRESENTEM A PALAVRA ESCOLHIDA.

C. ATENÇÃO: OS INTEGRANTES DO GRUPO SÓ PODEM USAR GESTOS PARA REPRESENTAR A PALAVRA ESCOLHIDA. ELES NÃO PODEM EMITIR SONS.

D. A RODADA ACABA QUANDO ALGUÉM DOS OUTROS GRUPOS ADIVINHAR A PALAVRA ESCOLHIDA.

- EM SUA OPINIÃO, FOI FÁCIL SE COMUNICAR USANDO APENAS GESTOS? COMENTE COM OS COLEGAS.

62

CAPÍTULO 5

MEU CORPO PERCEBE

NOSSO CORPO SENTE DIFERENTES SENSAÇÕES. POR EXEMPLO, NA IMAGEM AO LADO, AS CRIANÇAS BRINCAM DEBAIXO DO GUARDA-SOL, PORQUE A AREIA ESTÁ QUENTE. MAS A ÁGUA DO MAR ESTÁ FRIA. NESTE CAPÍTULO, VOCÊ VAI VER COMO NOSSO CORPO SENTE ESSAS E OUTRAS SENSAÇÕES.

PARA COMEÇO DE CONVERSA

1. FALE TUDO O QUE HÁ NESSA IMAGEM DA PRAIA. QUE PARTES DO CORPO VOCÊ USOU PARA DESCOBRIR?

2. COM QUAL PARTE DO CORPO AS PESSOAS SENTEM A AREIA QUENTE? E A ÁGUA DO MAR FRIA?

3. POR QUE É IMPORTANTE FICAR DEBAIXO DO GUARDA-SOL, COMO ALGUMAS PESSOAS DA IMAGEM?

SABER SER

OS OBJETOS E OS SERES AO REDOR

FERNANDA ACORDOU COM O CANTO DOS PÁSSAROS. ABRIU A JANELA E VIU A LUZ DO SOL BRILHANDO. ELA TAMBÉM SENTIU O CHEIRO DAS FLORES NO JARDIM E UMA **BRISA** TOCANDO SEU ROSTO E BALANÇANDO A CORTINA DO QUARTO.

BRISA: VENTO SUAVE E FRESCO.

1 SE VOCÊ ESTIVESSE NO JARDIM DE FERNANDA:

A. EM QUE VOCÊ PODERIA TOCAR?

B. O QUE VOCÊ ENXERGARIA?

C. QUE SONS VOCÊ OUVIRIA?

D. QUAIS CHEIROS SENTIRIA?

2 CIRCULE O QUE VOCÊ ACHA QUE FERNANDA PODE ENCONTRAR NO JARDIM DELA.

REPRESENTAÇÃO SEM PROPORÇÃO DE TAMANHO ENTRE OS ELEMENTOS.

CORES-FANTASIA

A LUZ DO AMBIENTE

VOCÊ JÁ TENTOU ENXERGAR NO ESCURO, QUANDO QUASE NÃO EXISTE LUZ NO AMBIENTE?

É MUITO DIFÍCIL VER AS CORES E AS FORMAS QUANDO HÁ POUCA LUZ. OS **OLHOS** PRECISAM DA LUZ PARA ENXERGAR. PRECISAMOS DE LUZ PARA USAR O SENTIDO DA **VISÃO**.

1 COMPARE AS IMAGENS ABAIXO. EM QUAL DELAS VOCÊ VÊ MELHOR OS OBJETOS DO QUARTO? O QUE FICA DIFERENTE NO QUARTO COM MAIS LUZ? E COM MENOS LUZ?

▲ À NOITE, COM A LUZ ACESA.

▲ À NOITE, COM A LUZ APAGADA.

SESSENTA E CINCO

OS SONS DO AMBIENTE

OS SONS SÃO MUITO IMPORTANTES NA COMUNICAÇÃO ENTRE AS PESSOAS. ELES SÃO SENTIDOS POR MEIO DAS **ORELHAS**. O CORPO PERCEBE OS SONS PELO SENTIDO DA **AUDIÇÃO**.

A COMBINAÇÃO DE SONS PODE TAMBÉM SE TRANSFORMAR EM BELAS **MELODIAS**. MELODIAS E LETRAS PODEM FORMAR UMA CANÇÃO. OUVIR OU CANTAR UMA CANÇÃO PODE NOS DEIXAR MUITO ALEGRES E RELAXADOS.

MELODIA: SONS QUE SE COMBINAM FORMANDO UM CONJUNTO AGRADÁVEL DE SE OUVIR.

1 CONTE AOS COLEGAS SE VOCÊ JÁ OUVIU O SOM DE ALGUM DOS INSTRUMENTOS DA ILUSTRAÇÃO ABAIXO.

TAMBOR   SAXOFONE   CONTRABAIXO   VOZ   VIOLÃO

2 JUNTO COM UM COLEGA, IDENTIFIQUE DE ONDE VÊM OS SONS QUE NOS TRANSMITEM AS SEGUINTES INFORMAÇÕES:

ALGUÉM CHEGOU! PRECISO ABRIR A PORTA.

HUM, HORA DE ACORDAR.

CUIDADO! TEM UM CARRO PASSANDO!

OS CHEIROS DO AMBIENTE

PODEMOS RECONHECER ALGUNS OBJETOS PELO CHEIRO DELES. VOCÊ JÁ EXPERIMENTOU FAZER ISSO?

OS CHEIROS SÃO PERCEBIDOS PELO SENTIDO DO **OLFATO**. O PRINCIPAL ÓRGÃO DO OLFATO É O **NARIZ**.

ÀS VEZES, OS CHEIROS PODEM NOS FAZER LEMBRAR DE SITUAÇÕES VIVIDAS OU DE PESSOAS QUE CONHECEMOS.

Ilustrações: Lais Bicudo/ID/BR

1 PINTE OS ITENS DESTA CENA QUE VOCÊ ACHA FÁCIL RECONHECER PELO CHEIRO.

SESSENTA E SETE 67

OS GOSTOS E OS SABORES DO AMBIENTE

UMA CESTA DE VERDURAS, LEGUMES E FRUTAS É UMA FONTE DE **GOSTOS** E **SABORES** VARIADOS.

NOSSO CORPO CONSEGUE IDENTIFICAR QUATRO GOSTOS PRINCIPAIS: AMARGO, AZEDO, DOCE E SALGADO. SENTIMOS OS GOSTOS POR MEIO, PRINCIPALMENTE, DA **LÍNGUA**. A **GUSTAÇÃO** É O SENTIDO USADO PARA IDENTIFICAR O GOSTO DOS ALIMENTOS.

OS SABORES SÃO PERCEBIDOS QUANDO USAMOS O OLFATO E A GUSTAÇÃO JUNTOS.

1) OBSERVE AS FRUTAS DA CESTA. CONVERSE COM OS COLEGAS: QUAIS DESSAS FRUTAS VOCÊ JÁ EXPERIMENTOU?

ShutterOK/Shutterstock.com/ID/BR

- DESENHE AO LADO DA CESTA UMA FRUTA OU UMA HORTALIÇA QUE TEM UM SABOR DE QUE VOCÊ GOSTA.

2) QUANDO VOCÊ ESTÁ RESFRIADO, QUE PARTE DO CORPO FICA PREJUDICADA, IMPOSSIBILITANDO QUE VOCÊ SINTA O SABOR DOS ALIMENTOS? CIRCULE.

MÃOS   OLHOS   NARIZ   LÍNGUA

CABEÇA   PÉS   ORELHAS

A PELE E O AMBIENTE

SE PASSAMOS A MÃO NA CASCA DE UMA MAÇÃ, SENTIMOS O QUANTO ELA É LISA.

MAS, SE PASSAMOS A MÃO NA CASCA DE UM ABACAXI, SENTIMOS QUE ELE É BEM RUGOSO.

POR MEIO DO SENTIDO DO **TATO**, PERCEBEMOS SE ALGO É RUGOSO OU LISO, SE É MACIO OU DURO, SE ESTÁ FRIO OU QUENTE. ESSAS SENSAÇÕES SÃO PERCEBIDAS POR NOSSA **PELE**, QUE É O ÓRGÃO DO TATO.

O TATO TAMBÉM PERMITE RECONHECER AS FORMAS. MESMO SEM OLHAR PARA UM OBJETO, USANDO AS MÃOS, CONSEGUIMOS PERCEBER SE ELE É QUADRADO OU REDONDO OU SE TEM UMA FORMA IRREGULAR.

▲ MAÇÃ, FRUTA QUE TEM CERCA DE 10 CENTÍMETROS DE ALTURA.

▲ ABACAXI, FRUTA QUE TEM CERCA DE 25 CENTÍMETROS DE ALTURA.

1 FAÇA UM **X** NAS CARACTERÍSTICAS DOS OBJETOS QUE PODEMOS PERCEBER QUANDO USAMOS O TATO.

- FORMA
- COR
- RUÍDO
- TEMPERATURA
- SABOR
- TEXTURA

2 QUANDO TOCAMOS EM UM OBJETO QUENTE OU PONTIAGUDO, PODEMOS SENTIR DOR. VOCÊ ACHA QUE ISSO É BOM PARA O ORGANISMO? CONVERSE COM OS COLEGAS.

NA PRÁTICA

IDENTIFICANDO OBJETOS PELO TATO

É POSSÍVEL RECONHECER UM OBJETO APENAS PELO TATO? REÚNA-SE COM DOIS COLEGAS PARA FAZER ESTE TESTE.

VOCÊS VÃO PRECISAR DE:

- ALGODÃO
- FOLHAS DE PLANTAS FRESCAS
- LIXAS
- PLÁSTICO-BOLHA
- ESPONJAS
- SACOS PLÁSTICOS PRETOS
- OUTROS OBJETOS

COMO FAZER

1. O PROFESSOR ENTREGARÁ A CADA GRUPO UM SACO PRETO COM OS OBJETOS DENTRO.
2. NA SUA VEZ, COLOQUE A MÃO DENTRO DO SACO. TENTE RECONHECER OS OBJETOS SÓ PELO TATO, SEM OLHAR.
3. TIRE OS OBJETOS DO SACO E VEJA SE VOCÊ ACERTOU.
4. ESCOLHA QUATRO DESSES OBJETOS E SINTA-OS NOVAMENTE COM O TATO.

PARA FINALIZAR

1. VOCÊS CONSEGUIRAM IDENTIFICAR ALGUM OU ALGUNS DOS OBJETOS SÓ PELO TATO, SEM VER? QUAIS?

2. USE AS PALAVRAS A SEGUIR PARA DESCREVER AS CARACTERÍSTICAS DOS OBJETOS SENTIDAS PELO TATO.

    OBJETO 1: _____
    OBJETO 2: _____
    OBJETO 3: _____
    OBJETO 4: _____

DURO   MACIO   LISO   MOLE   ÁSPERO   RUGOSO

AS SENSAÇÕES

COM OS NOSSOS SENTIDOS, CONSEGUIMOS VER, OUVIR, CHEIRAR, SENTIR GOSTOS E PERCEBER ALGO QUE ESTÁ EM CONTATO COM A NOSSA PELE.

MAS PODEMOS TER OUTRAS SENSAÇÕES OU SENTIMENTOS AO EXPLORAR UM AMBIENTE. É POR MEIO DE TODAS ESSAS SENSAÇÕES QUE PERCEBEMOS O MUNDO E PENSAMOS SOBRE ELE.

1 QUE SENSAÇÕES OU SENTIMENTOS VOCÊ PODE TER? OBSERVE AS IMAGENS E COMPLETE AS PALAVRAS PARA CONHECER ALGUMAS SENSAÇÕES.

FR ___   ___ DE   M ___ O

CA ___   ___ NO   ALE ___ A

2 CONVERSE COM OS COLEGAS E CITE DUAS SENSAÇÕES QUE VOCÊ JÁ EXPERIMENTOU HOJE.

APRENDER SEMPRE

1 COM A AJUDA DE UM ADULTO, ESCREVA O NOME DE TRÊS COMIDAS DE QUE VOCÊ GOSTA.

• LEIA EM VOZ ALTA, PARA AS PESSOAS QUE MORAM EM SUA CASA, OS NOMES DAS COMIDAS QUE VOCÊ ESCREVEU.

2 LIGUE CADA SENTIDO A SEU PRINCIPAL ÓRGÃO:

OLFATO

AUDIÇÃO

TATO

GUSTAÇÃO

VISÃO

3 USE AS SÍLABAS ABAIXO PARA COMPLETAR OS NOMES DAS SENSAÇÕES.

| LOR | DA | FO | O |

A. QUANDO O DIA ESTÁ QUENTE, SENTIMOS CA_____.

B. SE FICAMOS MUITO TEMPO SEM COMER, SENTIMOS _____ME.

C. NO INVERNO, A TEMPERATURA CAI E SENTIMOS FRI_____.

D. QUANDO ALGUÉM VAI EMBORA, SENTIMOS SAU_____DES.

4 VOCÊ CONHECE ALGUÉM QUE NÃO ENXERGA OU NÃO ESCUTA? CONVERSE COM OS COLEGAS SOBRE MUDANÇAS EM SUA ESCOLA QUE PODERIAM ATENDER ÀS NECESSIDADES DESSAS PESSOAS.

5 DESENHE O QUE FALTA NO ROSTO DAS CRIANÇAS REPRESENTADAS ABAIXO.

6 OBSERVE OS DESENHOS ACIMA, EM QUE VOCÊ COMPLETOU AS PARTES DO ROSTO.

- **A.** CIRCULE DE **AMARELO** O QUE NOS PERMITE SENTIR OS CHEIROS.
- **B.** CIRCULE DE **VERDE** O QUE NOS PERMITE VER.
- **C.** CIRCULE DE **AZUL** O QUE NOS PERMITE SENTIR GOSTOS.
- **D.** CIRCULE DE **PRETO** O QUE NOS PERMITE OUVIR.
- **E.** PINTE DE **VERMELHO** O QUE NOS PERMITE SENTIR TEXTURAS.

INÍCIO

FIM

CAPÍTULO 6

HÁBITOS SAUDÁVEIS

ATIVIDADES COMO TOMAR BANHO, COMER, DESCANSAR E BRINCAR SÃO HÁBITOS SAUDÁVEIS. A IMAGEM AO LADO MOSTRA UM JOGO FICTÍCIO SOBRE HÁBITOS SAUDÁVEIS DO DIA A DIA.

PARA COMEÇO DE CONVERSA

1. O QUE AS CRIANÇAS DA IMAGEM AO LADO ESTÃO FAZENDO?

2. VOCÊ FAZ ALGUMA DESSAS ATIVIDADES NA ESCOLA?

3. QUE OUTRAS ATIVIDADES SAUDÁVEIS VOCÊ PRATICA NA ESCOLA?

4. VOCÊ ACHA QUE JOGOS E BRINCADEIRAS SÃO BONS PARA A SAÚDE? DE QUE JOGOS E BRINCADEIRAS VOCÊ MAIS GOSTA?

SABER SER

COMER É BOM

COMER É MUITO BOM E MUITO IMPORTANTE TAMBÉM. SEM **ALIMENTO**, SENTIMOS FOME, FICAMOS FRACOS E NÃO CONSEGUIMOS BRINCAR, PENSAR, FALAR NEM ESTUDAR.

> **ALIMENTO:** SUBSTÂNCIA QUE NUTRE, POPULARMENTE CHAMADA DE COMIDA.

QUANDO SENTIMOS FOME, ISSO É UM SINAL DO NOSSO CORPO AVISANDO QUE PRECISAMOS DE COMIDA.

1 SIGA O EXEMPLO E ESCREVA O HORÁRIO NOS RELÓGIOS. MARQUE COM UM **X** TRÊS RELÓGIOS QUE ESTÃO INDICANDO HORÁRIOS DO DIA EM QUE VOCÊ SENTE FOME.

12:00 — MEIO-DIA

____ — SEIS HORAS DA TARDE

____ — QUATRO HORAS DA MANHÃ

____ — NOVE HORAS DA MANHÃ

2 EM QUAL DAS ATIVIDADES REPRESENTADAS NAS PÁGINAS 74 E 75 VOCÊ ACHA QUE GASTA A ENERGIA DO CORPO MAIS RAPIDAMENTE? E EM QUAL ATIVIDADE VOCÊ ACHA QUE PRECISAMOS NOS ALIMENTAR MAIS PARA REALIZAR? CONVERSE COM OS COLEGAS.

COMER BEM

É IMPORTANTE TERMOS **BONS HÁBITOS ALIMENTARES**, ESCOLHENDO BEM AQUILO QUE COMEMOS. UMA BOA REFEIÇÃO DEVE TER ALIMENTOS VARIADOS, COMO GRÃOS, CEREAIS, LEGUMES, VERDURAS, FRUTAS, CASTANHAS, NOZES, LEITE, QUEIJOS, CARNES E OVOS. ALÉM DISSO, É IMPORTANTE BEBER BASTANTE ÁGUA.

3 MARQUE COM UM **X** OS TRÊS GRUPOS DE ALIMENTOS DE QUE VOCÊ MAIS GOSTA.

☐ **GRUPO 1**
CUPUAÇU, JABUTICABA, ACEROLA, PITANGA

☐ **GRUPO 2**
ARROZ, TRIGO, MILHO

☐ **GRUPO 3**
GRÃO-DE-BICO, FEIJÃO, ERVILHA

☐ **GRUPO 4**
MANDIOCA, BATATA, MANDIOQUINHA

☐ **GRUPO 5**
LEITE, OVOS, CARNE, QUEIJO

☐ **GRUPO 6**
ALFACE, ABÓBORA, TOMATE, ABOBRINHA

Ilustrações: Bibi Aquino/ID/BR

OS CUIDADOS COM OS ALIMENTOS

O MACARRÃO, OS OVOS E AS FRUTAS CHEGAM À SUA CASA PRONTOS PARA SEREM CONSUMIDOS OU PARA SEREM PREPARADOS. MAS VOCÊ SABE DE ONDE ELES VÊM? ACOMPANHE UM EXEMPLO NAS ILUSTRAÇÕES A SEGUIR.

▲ **(A)** CARLOS PLANTOU E CULTIVOU CENOURAS EM UMA HORTA. **(B)** ELE COLHEU AS CENOURAS E AS VENDEU A UM MERCADO. **(C)** OS PAIS DE LUIZ E ANA COMPRARAM ALGUMAS CENOURAS E AS PREPARARAM PARA A ALIMENTAÇÃO DA FAMÍLIA.

▲ TODOS OS ALIMENTOS CONSUMIDOS CRUS PRECISAM SER BEM LAVADOS.

CADA TIPO DE ALIMENTO PRECISA SER GUARDADO EM UM LOCAL ADEQUADO.

ALGUNS ALIMENTOS, COMO O ARROZ CRU, PODEM SER GUARDADOS FORA DA GELADEIRA.

OUTROS ALIMENTOS, COMO CARNE E ARROZ COZIDO, PRECISAM SER REFRIGERADOS PARA QUE NÃO ESTRAGUEM.

PARA EXPLORAR

DE ONDE VEM O LEITE?
DISPONÍVEL EM: https://www.youtube.com/watch?v=iGAwTwdB5NA&t=8s.
ACESSO EM: 11 JAN. 2021.
NESSE VÍDEO, KIKA DESCOBRE QUE O LEITE QUE TOMAMOS É PRODUZIDO PELAS VACAS E QUE PASSA POR ALGUNS PROCESSOS ANTES DE CHEGAR ÀS NOSSAS CASAS.

PARA FICAR LIMPINHO

PARA EVITAR DOENÇAS, É MUITO IMPORTANTE MANTER A LIMPEZA DO NOSSO CORPO.

VEJA ALGUNS HÁBITOS DE HIGIENE.

- É BOM TOMAR BANHO TODO DIA.
- ESCOVE SEMPRE OS DENTES DEPOIS DAS REFEIÇÕES E ANTES DE DORMIR.
- LAVE AS MÃOS ANTES DE COMER E DEPOIS DE USAR O BANHEIRO.
- COM A AJUDA DE UM ADULTO, CORTE AS UNHAS FREQUENTEMENTE.

NO AMBIENTE, PODEMOS ENCONTRAR **MICRORGANISMOS** QUE TRANSMITEM DOENÇAS. ELES PODEM ENTRAR EM NOSSO CORPO PELA BOCA, PELOS OLHOS, PELOS MACHUCADOS E POR OUTROS MEIOS. QUANDO LAVAMOS AS MÃOS E ESCOVAMOS OS DENTES, POR EXEMPLO, EVITAMOS QUE ESSES ORGANISMOS NOS CAUSEM DOENÇAS E CONTRIBUÍMOS PARA O BOM FUNCIONAMENTO DO CORPO.

MICRORGANISMO: SER VIVO TÃO PEQUENO QUE SÓ PODE SER VISTO COM UM APARELHO CHAMADO MICROSCÓPIO, QUE PRODUZ IMAGENS AMPLIADAS.

A CASA E OS LUGARES QUE FREQUENTAMOS, COMO A ESCOLA, TAMBÉM DEVEM SER LIMPOS COM FREQUÊNCIA. ALÉM DE CONTER MICRORGANISMOS, A SUJEIRA PODE ATRAIR ANIMAIS QUE PODEM TRANSMITIR DOENÇAS.

1. CONVERSE COM OS COLEGAS SOBRE A IMPORTÂNCIA DOS HÁBITOS DE HIGIENE, COMO CORTAR AS UNHAS E LAVAR AS MÃOS, PARA NOS MANTER SAUDÁVEIS.

NA PRÁTICA

COMO O SABÃO E O DETERGENTE LIMPAM

VOCÊ SABE COMO O SABÃO E O DETERGENTE LIMPAM A SUJEIRA?

VOCÊ VAI PRECISAR DE:

- UM RECIPIENTE PLÁSTICO TRANSPARENTE
- QUATRO COLHERES DE SOPA DE ÓLEO
- ÁGUA
- DUAS COLHERES DE SOPA DE DETERGENTE (OU SABÃO LÍQUIDO) INCOLOR
- UMA VARETA DE MADEIRA (OU UM CANUDO DE PLÁSTICO)

COMO FAZER

1. COLOQUE ÁGUA ATÉ A METADE DO RECIPIENTE.
2. DESPEJE O ÓLEO POR CIMA DA ÁGUA.
3. MEXA BEM COM A VARETA OU O CANUDO E OBSERVE.
4. AGORA, COLOQUE UM POUCO DE DETERGENTE NO RECIPIENTE. MEXA NOVAMENTE E OBSERVE.

PARA FINALIZAR

1. O QUE ACONTECEU AO MISTURAR A ÁGUA COM O ÓLEO?
2. O QUE ACONTECEU COM O ÓLEO AO COLOCAR O DETERGENTE?
3. CONVERSE COM OS COLEGAS E PROCURE EXPLICAR COMO O SABÃO E O DETERGENTE AJUDAM A LIMPAR A SUJEIRA.

BRINCAR E DESCANSAR

COMER BEM E MANTER O CORPO LIMPO FAZ MUITO BEM À SAÚDE. MAS NÃO É SÓ DISSO QUE PRECISAMOS PARA PERMANECER SAUDÁVEIS.

BRINCAR E DESCANSAR SÃO HÁBITOS MUITO IMPORTANTES PARA RELAXARMOS A MENTE E NOS MANTERMOS ALEGRES E BEM-DISPOSTOS.

1 VOCÊ CONHECE A BRINCADEIRA DE RODA CORRE CUTIA? LEIA COM OS COLEGAS A LETRA DA CANÇÃO.

CORRE CUTIA
NA CASA DA TIA
CORRE CIPÓ
NA CASA DA AVÓ
LENCINHO NA MÃO
CAIU NO CHÃO
MOÇA BONITA
DO MEU CORAÇÃO
— POSSO JOGAR?
— PODE!
— NINGUÉM VAI OLHAR?
— NÃO!

DOMÍNIO PÚBLICO.

2 COM A AJUDA DE UM ADULTO, LEIA EM VOZ ALTA A LETRA DA CANÇÃO "CORRE CUTIA".

3 COM AJUDA DO PROFESSOR, PESQUISE COMO SE BRINCA DE CORRE CUTIA E BRINQUE COM OS COLEGAS!

- VOCÊ SE SENTIU MAIS ALEGRE DEPOIS DE BRINCAR DE CORRE CUTIA? POR QUÊ?

4 CONVERSE COM OS COLEGAS SOBRE SEUS HÁBITOS DE DESCANSO. VOCÊ COSTUMA DORMIR E ACORDAR SEMPRE NOS MESMOS HORÁRIOS? O TEMPO QUE VOCÊ COSTUMA DORMIR É SUFICIENTE PARA DESCANSAR?

VAMOS LER IMAGENS!

TIRAS: UMA LEITURA DIVERTIDA

VOCÊ GOSTA DE LER TIRAS? NAS TIRAS, AS IMAGENS SÃO TÃO IMPORTANTES QUANTO AS PALAVRAS.

COM A AJUDA DO PROFESSOR, LEIA A TIRA ABAIXO. PARA ISSO, VOCÊ DEVE SEGUIR DA ESQUERDA PARA A DIREITA, COMO GERALMENTE LEMOS AS FRASES DE UM TEXTO COMUM.

CALVIN E HAROLDO, DE BILL WATTERSON.

CONHEÇA ALGUMAS CARACTERÍSTICAS DAS TIRAS.

- ELAS SÃO ORGANIZADAS EM QUADROS.
- EM GERAL, CADA QUADRO APRESENTA UM DESENHO.
- CADA DESENHO PODE ESTAR ACOMPANHADO POR PEQUENOS TEXTOS.
- OS TEXTOS PODEM ESTAR NOS BALÕES DE FALA DAS PERSONAGENS OU NA FORMA DE PEQUENAS LEGENDAS.
- AS TIRAS PODEM OU NÃO TER UM TÍTULO.

AGORA É A SUA VEZ

1 QUANTOS QUADROS TEM A TIRA QUE VOCÊ LEU?

2   5   6   4   1

2 HÁ TEXTOS NESSA TIRA?

☐ SIM. ☐ NÃO.

3 QUEM SÃO AS PERSONAGENS QUE APARECEM NA TIRA?

4 EXPLIQUE A UM COLEGA O QUE VOCÊ ENTENDEU DA HISTÓRIA CONTADA NA TIRA.

5 QUE TIPOS DE CUIDADO COM A SAÚDE, APRENDIDOS NESTE CAPÍTULO, SÃO CITADOS NA TIRA? CONVERSE COM OS COLEGAS.

6 CONTORNE OS RECURSOS QUE SÃO USADOS PARA CONTAR A HISTÓRIA DA TIRA.

FOTOS   PALAVRAS   NÚMEROS

ILUSTRAÇÕES   BALÕES DE FALA

7 USE OS TRÊS QUADROS A SEGUIR PARA CONTAR UMA HISTÓRIA NA FORMA DE UMA TIRA. VOCÊ PODE OU NÃO USAR TEXTOS.

OITENTA E TRÊS

APRENDER SEMPRE

1 O POEMA A SEGUIR FALA SOBRE ALIMENTAÇÃO SAUDÁVEL.

A RODA DOS ALIMENTOS

[...]
GOSTO MUITO DE LEGUMES,
DE ARROZ, MASSA E FEIJÃO,
DAS GORDURAS E DO AÇÚCAR,
NÃO ABUSO, ISSO NÃO

EU COMO FRUTOS MADUROS,
LEITE, CARNE, PEIXE E PÃO.
COMO BEM, NÃO COMO MUITO,
VARIO A ALIMENTAÇÃO.

DOMÍNIO PÚBLICO.

A. LEIA O POEMA EM VOZ ALTA PARA UM ADULTO QUE MORA COM VOCÊ.

B. ESCREVA O NOME DE TRÊS ALIMENTOS DE QUE VOCÊ GOSTA E ESTÃO PRESENTES NO POEMA.

2 DESEMBARALHE AS LETRAS PARA FORMAR OS NOMES DOS ALIMENTOS.

REPRESENTAÇÃO SEM PROPORÇÃO DE TAMANHO ENTRE OS ELEMENTOS.

TEMATO   BOLACE   JOQUEI   ABAXICA   GOFRAN

3 AMANDA TEM UM PRIMO CHAMADO PEDRO. ELE NÃO GOSTA DE TOMAR BANHO NEM DE ESCOVAR OS DENTES.

- SE VOCÊ FOSSE A AMANDA, COMO EXPLICARIA A PEDRO QUE TOMAR BANHO É IMPORTANTE?

4 DESTAQUE AS IMAGENS DA PÁGINA 119. DEPOIS, COLE ESSAS IMAGENS NOS ESPAÇOS NUMERADOS DE UM A SEIS, DE ACORDO COM A SEQUÊNCIA DE ATIVIDADES DE SUA ROTINA.

5 O PROFESSOR VAI ORGANIZAR A TURMA EM DOIS GRUPOS. SEM REVELAR SEU NOME, ESCREVA TRÊS FRASES RELACIONADAS AOS HÁBITOS SAUDÁVEIS: UMA SOBRE SUA BRINCADEIRA PREFERIDA, UMA SOBRE A COMIDA DE QUE MAIS GOSTA E OUTRA SOBRE HÁBITOS DE HIGIENE. O PROFESSOR VAI SORTEAR AS FRASES DE UM ALUNO DE CADA GRUPO E LER EM VOZ ALTA. PARA MARCAR UM PONTO, A EQUIPE OPOSTA TERÁ DE ADIVINHAR O AUTOR DAS FRASES. VENCE A EQUIPE QUE ACUMULAR MAIS PONTOS.

86

CAPÍTULO 7

JEITOS DE BRINCAR

BRINCADEIRAS EM GRUPO OU BRINCADEIRAS INDIVIDUAIS FAZEM PARTE DO DIA A DIA DAS CRIANÇAS. CADA CRIANÇA TEM SUA BRINCADEIRA FAVORITA E TAMBÉM SEU JEITO DE BRINCAR.

TODO ARTISTA JÁ FOI CRIANÇA UM DIA. E ALGUNS ARTISTAS GOSTAM DE SE RECORDAR DA INFÂNCIA RETRATANDO BRINCADEIRAS EM SUAS OBRAS.

PARA COMEÇO DE CONVERSA

1. QUAIS BRINCADEIRAS VOCÊ RECONHECE NESSA PINTURA?
2. EM SUA OPINIÃO, POR QUE É IMPORTANTE BRINCAR?
3. VOCÊ GOSTA DE BRINCAR EM GRUPO? QUAIS SÃO AS SUAS BRINCADEIRAS EM GRUPO FAVORITAS? CONVERSE COM OS COLEGAS.

SABER SER

◀ VÁRIAS BRINCADEIRAS I, PINTURA FEITA POR IVAN CRUZ (DETALHE), 2006.

Ivan Cruz/Acervo do artista. Fotografia: Ludmila Guerra

IMAGINAR PARA BRINCAR

A IMAGINAÇÃO E A CRIATIVIDADE FAZEM PARTE DE MUITAS BRINCADEIRAS. COM ESSAS DUAS QUALIDADES, É POSSÍVEL CRIAR BRINCADEIRAS COM MUITA FANTASIA.

1 ALGUMAS BRINCADEIRAS PODEM SER INSPIRADAS EM PESSOAS OU EM PROFISSÕES QUE GOSTARÍAMOS DE TER. VOCÊ JÁ BRINCOU ASSIM? PENSE UM POUCO E FAÇA A SUA ESCOLHA.

EU ADORO FUTEBOL. QUERO SER CRAQUE COMO A JOGADORA MARTA! E VOCÊ?

2 RELACIONE CADA FOTO COM A BRINCADEIRA QUE ELA RETRATA.

BRINCAR DE TER UM RESTAURANTE E SER UM BOM COZINHEIRO.

BRINCAR DE TER UM FILHO E CUIDAR MUITO BEM DELE.

BRINCAR DE SER UM SUPER-HERÓI SEMPRE PRONTO PARA AGIR E AJUDAR AS PESSOAS.

PARA EXPLORAR

COISA DE MENINA, DE PRI FERRARI. COMPANHIA DAS LETRINHAS.

COM ESSA LEITURA, VOCÊ VAI PERCEBER QUE NÃO EXISTEM REGRAS E QUE QUALQUER BRINCADEIRA PODE SER DE MENINA OU DE MENINO.

3 OBSERVE NOVAMENTE AS IMAGENS DA PÁGINA AO LADO. EM SUA OPINIÃO, MENINOS E MENINAS PODEM GOSTAR DAS MESMAS BRINCADEIRAS? CONVERSE COM OS COLEGAS E O PROFESSOR.

BRINCADEIRAS NA ESCOLA

A ESCOLA É LUGAR DE APRENDER. NELA, APRENDEMOS, POR EXEMPLO, QUE TODA CRIANÇA TEM O **DIREITO** DE BRINCAR E DE SE DIVERTIR. POR ISSO, A ESCOLA É TAMBÉM LUGAR DE BRINCADEIRAS.

4 IDENTIFIQUE ABAIXO O ESPAÇO DE UMA ESCOLA RETRATADO NA IMAGEM AO LADO E UMA BRINCADEIRA QUE POSSA ACONTECER NESSE ESPAÇO.

ESPAÇO: _____

BRINCADEIRA: _____

_____

BRINCADEIRAS EM CASA

DESCANSAR NO SOFÁ DA SALA, JOGAR UMA BOLA DE PAPEL PARA O GATO CORRER ATRÁS DELA, PROCURAR AQUELE BONECO QUE FAZ TEMPO QUE ESTÁ PERDIDO...

EM CASA, OS ESPAÇOS, AS PESSOAS E OS OBJETOS SÃO DIFERENTES DOS QUE EXISTEM NA ESCOLA.

5 DESENHE, NO CADERNO, A BRINCADEIRA DE QUE VOCÊ MAIS GOSTA QUANDO ESTÁ EM SUA CASA.

6 EM QUE LUGAR DA CASA ACONTECE ESSA BRINCADEIRA QUE VOCÊ DESENHOU? QUE OBJETOS VOCÊ USA? QUEM BRINCA COM VOCÊ? CONVERSE COM OS COLEGAS.

EM TODA BRINCADEIRA EXISTE FORÇA

ESTICAR UMA CORDA, DAR FORMA À MASSA DE MODELAR, AGACHAR E PULAR SOBRE O COLEGA... TODAS AS BRINCADEIRAS EXIGEM MOVIMENTO E TAMBÉM **FORÇA**.

VOCÊ SABIA QUE PARA ENCHER UM BALÃO DE AR É NECESSÁRIO USAR FORÇA PARA SOPRAR O AR PARA DENTRO DELE?

▲ O SOPRO É O ATO DE SOLTAR NO AMBIENTE, COM MAIS FORÇA OU MENOS FORÇA, O AR QUE PUXAMOS PARA DENTRO QUANDO RESPIRAMOS.

1 OBSERVE AS BRINCADEIRAS E ASSINALE O MOVIMENTO NECESSÁRIO EM CADA UMA DELAS.

☐ PUXAR.
☐ EMPURRAR.

▲ CABO DE GUERRA.

☐ PUXAR.
☐ EMPURRAR.

▲ PULA-SELA OU PULA-CARNIÇA.

PARA EXPLORAR

MANUAL DO MUNDO.
DISPONÍVEL EM: https://manualdomundo.uol.com.br/como-fazer-brinquedos/.
ACESSO EM: 5 ABR. 2021.

ESSE *SITE* DISPONIBILIZA UMA SÉRIE DE VÍDEOS QUE ENSINAM A FAZER BRINQUEDOS DIVERTIDOS COM MATERIAIS SIMPLES E BARATOS. HÁ VÁRIOS MODELOS DE AVIÃO DE PAPEL QUE VOAM LONGE E DEMORAM MAIS PARA CAIR.

NA PRÁTICA

CORRIDA DE BALÕES

VOCÊ ACHA QUE O AR PODE APLICAR FORÇA SOBRE OS OBJETOS? VAMOS OBSERVAR NA ATIVIDADE A SEGUIR.

VOCÊ VAI PRECISAR DE:

- UM BALÃO DE FESTA
- UM PEDAÇO GRANDE DE BARBANTE
- DUAS CADEIRAS
- FITA ADESIVA
- UM CANUDO LARGO DE PLÁSTICO OU DE PAPEL
- UM PREGADOR DE ROUPA

COMO FAZER

1. COLOQUE DUAS CADEIRAS A UMA DISTÂNCIA UMA DA OUTRA UM POUCO MENOR QUE O COMPRIMENTO DO BARBANTE.
2. AMARRE UMA DAS PONTAS DO BARBANTE EM UMA CADEIRA.
3. PASSE A OUTRA PONTA DO BARBANTE DENTRO DO CANUDO, ESTIQUE BEM E AMARRE A PONTA LIVRE NA OUTRA CADEIRA.
4. ENCHA O BALÃO DE AR. TORÇA A PONTA POR ONDE VOCÊ SOPROU E MANTENHA A PONTA PRESA COM O PREGADOR PARA O BALÃO NÃO ESVAZIAR. NÃO DÊ UM NÓ.
5. PRENDA O BALÃO AO CANUDO COM A FITA ADESIVA.
6. DEIXE O BALÃO PRÓXIMO DA CADEIRA PARA A QUAL A PONTA COM O PREGADOR ESTÁ VOLTADA.
7. SOLTE, ENTÃO, O PREGADOR DO BALÃO.

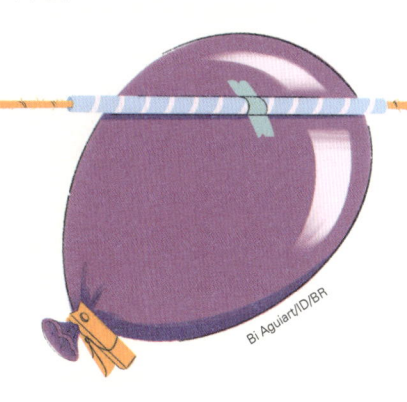

PARA FINALIZAR

1. O QUE ACONTECEU AO SOLTAR O PREGADOR DO BALÃO? DE ONDE VEIO A FORÇA PARA QUE ISSO ACONTECESSE? CONVERSE COM OS COLEGAS.

BRINCADEIRAS VELOZES

QUEM CHEGA PRIMEIRO ÀQUELA PALMEIRA? QUEM VAI PEGAR A FIGURINHA ANTES DE MIM? MUITAS VEZES, PRECISAMOS TENTAR SER VELOZES EM UMA BRINCADEIRA.

E VOCÊ, GOSTA DE **VELOCIDADE**?

1 TEO E LIA APOSTARAM UMA CORRIDA E VÃO PERCORRER O MESMO CAMINHO ENTRE O PONTO DE PARTIDA E A LINHA DE CHEGADA.

A. LIA ALCANÇOU A LINHA DE CHEGADA MAIS RÁPIDO QUE TEO. MARQUE COM UM **X** QUEM FOI MAIS VELOZ.

B. LIA E TEO DEMORARAM O MESMO TEMPO PARA ATINGIR A LINHA DE CHEGADA?

☐ SIM. ☐ NÃO.

BRINCAR DE NÃO DEIXAR CAIR

VOCÊ JÁ REPAROU QUE TUDO O QUE JOGAMOS PARA O ALTO, DEPOIS DE UM TEMPO, CAI NO CHÃO?

MAS NEM TODOS OS OBJETOS CAEM COM A MESMA RAPIDEZ QUANDO SÃO JOGADOS PARA O ALTO.

1. O QUE VOCÊ ACHA QUE ACONTECERIA, EM UM JOGO DE VÔLEI, SE A BOLA NÃO TIVESSE A TENDÊNCIA DE CAIR NO CHÃO?

_____

_____

2. MARQUE COM UM **X** O BRINQUEDO QUE CHEGARIA MAIS RÁPIDO AO CHÃO, SE FOSSE SOLTO AO MESMO TEMPO QUE O OUTRO DO ALTO DE UMA JANELA.

☐ AVIÃO DE PAPEL.

☐ BOLA DE BORRACHA.

3. VOCÊ CONHECE A BRINCADEIRA DE CORRIDA DE OVO NA COLHER? OBSERVE A FOTO E CONVERSE COM OS COLEGAS.

A. QUAL É O OBJETIVO DESSA CORRIDA?

B. QUE HABILIDADES SÃO NECESSÁRIAS PARA VENCER ESSA CORRIDA?

NOVENTA E TRÊS

APRENDER SEMPRE

1 PENSE EM UMA BRINCADEIRA QUE VOCÊ PODE FAZER EM CASA, COM SEUS FAMILIARES, USANDO UMA CAIXA DE PAPELÃO COMO ESTA DA FOTO. ESCREVA UM PEQUENO TEXTO COM AS REGRAS DO JOGO E CONTE AOS COLEGAS E AO PROFESSOR COMO SERIA ESSA BRINCADEIRA.

2 OUTRA BRINCADEIRA DIVERTIDA É USAR PERSONAGENS DE LIVROS, FILMES E DESENHOS ANIMADOS PARA INVENTAR HISTÓRIAS. DESENHE NOS QUADROS UM COMEÇO E UM FINAL PARA A BRINCADEIRA DO JOCA E DA MEL. O DINOSSAURO FAZ PARTE DO MEIO DA HISTÓRIA.

3 VOCÊ JÁ BRINCOU DE AMARELINHA OU JOGO DA MACACA? COM A AJUDA DE UM ADULTO, PESQUISE ESSA BRINCADEIRA E DESCUBRA QUAIS HABILIDADES SÃO NECESSÁRIAS PARA BRINCAR DESSE JOGO. CIRCULE ESSAS HABILIDADES.

FORÇA   EQUILÍBRIO   VELOCIDADE

4 OBSERVE O JOGO QUE ESTAS CRIANÇAS ESTÃO JOGANDO.

A. QUAL É O OBJETIVO DESSE JOGO?

_____

B. O QUE DEVE ACONTECER SE AS BOLAS DE ISOPOR FOREM SUBSTITUÍDAS POR BOLAS DE BORRACHA?

_____

_____

C. CRIE UMA REGRA PARA ESSE JOGO.

_____

_____

5 EM SUA OPINIÃO, É POSSÍVEL APRENDER BRINCANDO? CITE UM EXEMPLO PENSANDO NAS ATIVIDADES QUE REALIZOU NESTE CAPÍTULO. CONVERSE COM OS COLEGAS.

SABER SER

96

CAPÍTULO 8

BRINQUEDOS

OS BRINQUEDOS SÃO OBJETOS, EM GERAL, BEM CONHECIDOS PELAS CRIANÇAS. ELES PODEM SER DE VÁRIOS TIPOS E MATERIAIS.

ALÉM DOS BRINQUEDOS JÁ EXISTENTES, É POSSÍVEL FABRICAR NOVOS UTILIZANDO MATERIAIS DESCARTÁVEIS. BASTA USAR A IMAGINAÇÃO E OS OBJETOS VIRAM PARTE DA BRINCADEIRA.

PARA COMEÇO DE CONVERSA

1. DE QUAIS MATERIAIS VOCÊ ACHA QUE SÃO FEITOS OS BRINQUEDOS AO LADO?

2. QUE BRINQUEDO É MAIS MACIO: UM FANTOCHE DE PANO OU UM PIÃO DE MADEIRA? JUSTIFIQUE.

3. POR QUE AS CAMPANHAS DE DOAÇÃO DE BRINQUEDOS SÃO IMPORTANTES?

SABER SER

OS BRINQUEDOS SÃO DIFERENTES

OS BRINQUEDOS PODEM SER FEITOS DE DIFERENTES MANEIRAS. HÁ, POR EXEMPLO, OS BRINQUEDOS ARTESANAIS E OS BRINQUEDOS INDUSTRIALIZADOS.

O **BRINQUEDO ARTESANAL** É FEITO À MÃO POR POUCAS PESSOAS, OS ARTESÃOS, QUE USAM FERRAMENTAS E MATERIAIS SIMPLES.

JÁ O **BRINQUEDO INDUSTRIALIZADO** É FEITO EM UMA INDÚSTRIA OU FÁBRICA, POR MÁQUINAS E PESSOAS.

1 CONTORNE DE **AZUL** O BRINQUEDO ARTESANAL E DE **VERMELHO** O BRINQUEDO INDUSTRIALIZADO.

A

B

OS BRINQUEDOS TAMBÉM PODEM SER FEITOS DE VÁRIOS MATERIAIS.

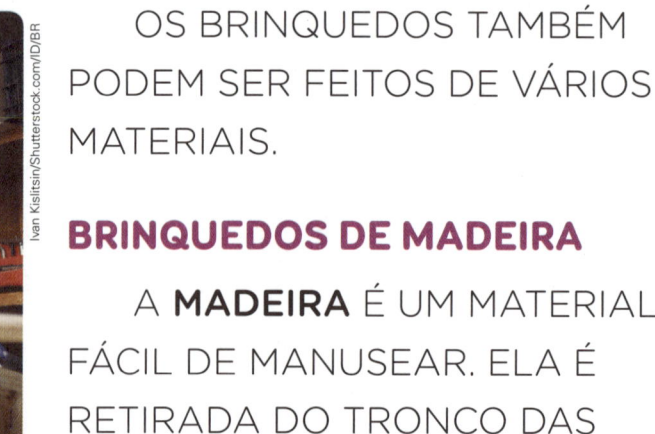

BRINQUEDOS DE MADEIRA

A **MADEIRA** É UM MATERIAL FÁCIL DE MANUSEAR. ELA É RETIRADA DO TRONCO DAS ÁRVORES E É MUITO USADA PARA FAZER BRINQUEDOS, COMO AVIÃO, CARRINHO E PIÃO.

▲ ARTESÃO USANDO MADEIRA PARA FAZER UM BRINQUEDO.

BRINQUEDOS DE METAL

ANTIGAMENTE, OS **METAIS** ERAM BASTANTE USADOS PARA FAZER BRINQUEDOS. MUITOS DELES ERAM MINIATURAS DE CARROS, TRENS, ETC. OS BRINQUEDOS PODIAM SER FEITOS DE FERRO, CHUMBO, ALUMÍNIO OU BRONZE. OS METAIS SÃO FABRICADOS COM MATERIAIS RETIRADOS DE ROCHAS.

▲ O FERRO É UM METAL RESISTENTE, FIRME E PESADO, MUITO USADO EM BRINQUEDOS DE PRAÇAS E PARQUES.

2 CIRCULE AS CARACTERÍSTICAS DOS BRINQUEDOS FEITOS DE FERRO.

| LEVE | DURO | RESISTENTE |
| QUEBRÁVEL | PESADO | MACIO |

BRINQUEDOS DE PAPEL

O **PAPEL** É FEITO A PARTIR DA MADEIRA. MUITOS BRINQUEDOS PODEM SER FEITOS DE PAPEL. O TEATRO DE SOMBRAS, POR EXEMPLO, USA UMA FONTE DE LUZ PARA **PROJETAR** SOMBRAS DE BONECOS SOBRE UMA TELA. ELE PODE SER MONTADO COM DIFERENTES TIPOS DE PAPEL.

▲ TEATRO DE SOMBRAS, COM SACI-PERERÊ (À ESQUERDA) E IARA (À DIREITA) COMO PERSONAGENS.

PROJETAR: FORMAR IMAGENS SOBRE UMA SUPERFÍCIE (UMA TELA, POR EXEMPLO).

3 ESCREVA O NOME DOS TIPOS DE PAPEL QUE VOCÊ CONHECE.

_____

_____

4 ESCREVA O NOME DE TRÊS EXEMPLOS DE BRINQUEDOS QUE PODEM SER FEITOS DE PAPEL.

_____

_____

BRINQUEDOS DE PLÁSTICO

ATUALMENTE, MUITOS BRINQUEDOS SÃO FEITOS DE **PLÁSTICO**, POR SER UM MATERIAL RESISTENTE, LEVE E BARATO.

A MAIORIA DOS PLÁSTICOS É PRODUZIDA A PARTIR DO **PETRÓLEO**, UM LÍQUIDO ESCURO ENCONTRADO NO INTERIOR DE ROCHAS PROFUNDAS DO SOLO. DEPOIS DE PRODUZIDO, O PLÁSTICO AQUECIDO PODE SER MOLDADO DE DIVERSAS FORMAS.

5 IDENTIFIQUE E MARQUE COM UM **X** OS BRINQUEDOS DE PLÁSTICO.

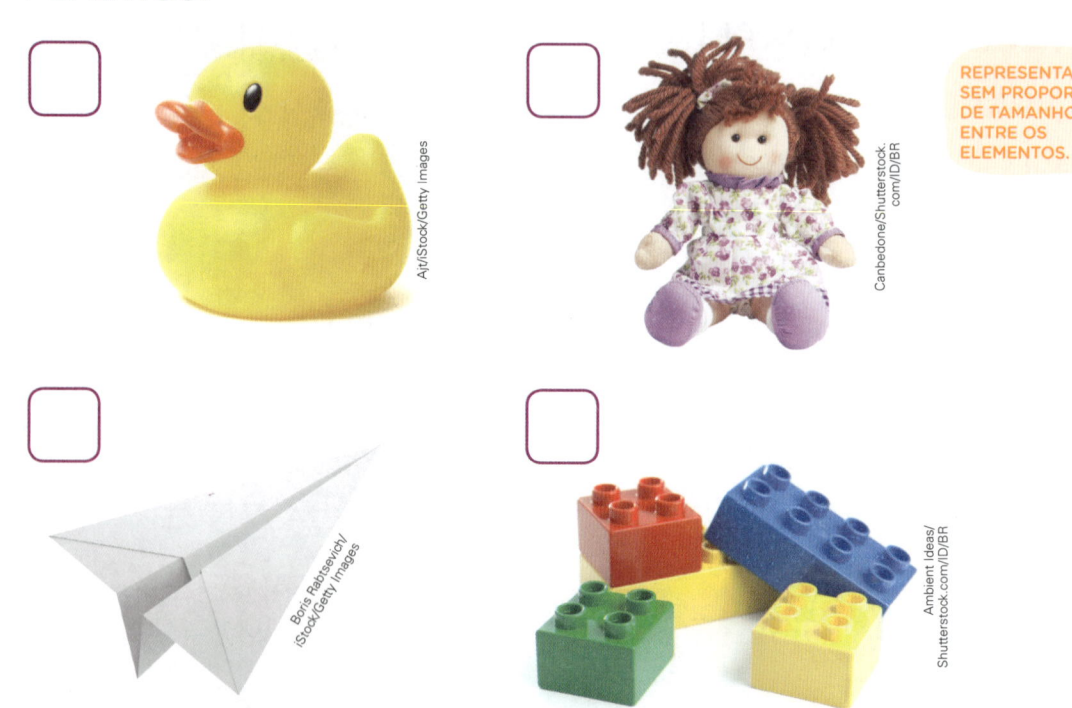

REPRESENTAÇÃO SEM PROPORÇÃO DE TAMANHO ENTRE OS ELEMENTOS.

RECICLANDO MATERIAIS

OS BRINQUEDOS QUE VOCÊ JÁ NÃO USA, EM VEZ DE IREM PARA O LIXO, PODEM SER TROCADOS COM OS COLEGAS, DOADOS OU LEVADOS PARA A RECICLAGEM.

RECICLAR É USAR OS MATERIAIS DE OBJETOS QUE IRIAM PARA O LIXO PARA FABRICAR OUTROS PRODUTOS. POR EXEMPLO, O PLÁSTICO DE BRINQUEDOS USADOS PODE SER REAPROVEITADO PARA FABRICAR NOVOS OBJETOS DE PLÁSTICO.

VIDROS, LATAS, ALGUNS TIPOS DE PLÁSTICO E ALGUNS TIPOS DE PAPEL PODEM SER RECICLADOS.

1 HÁ LIXEIRAS PRÓPRIAS PARA DEPOSITAR OBJETOS QUE PODEM SER RECICLADOS. DESENHE UM OBJETO EM CADA LIXEIRA, DE ACORDO COM O TIPO DE MATERIAL DE QUE ESSE OBJETO É FEITO.

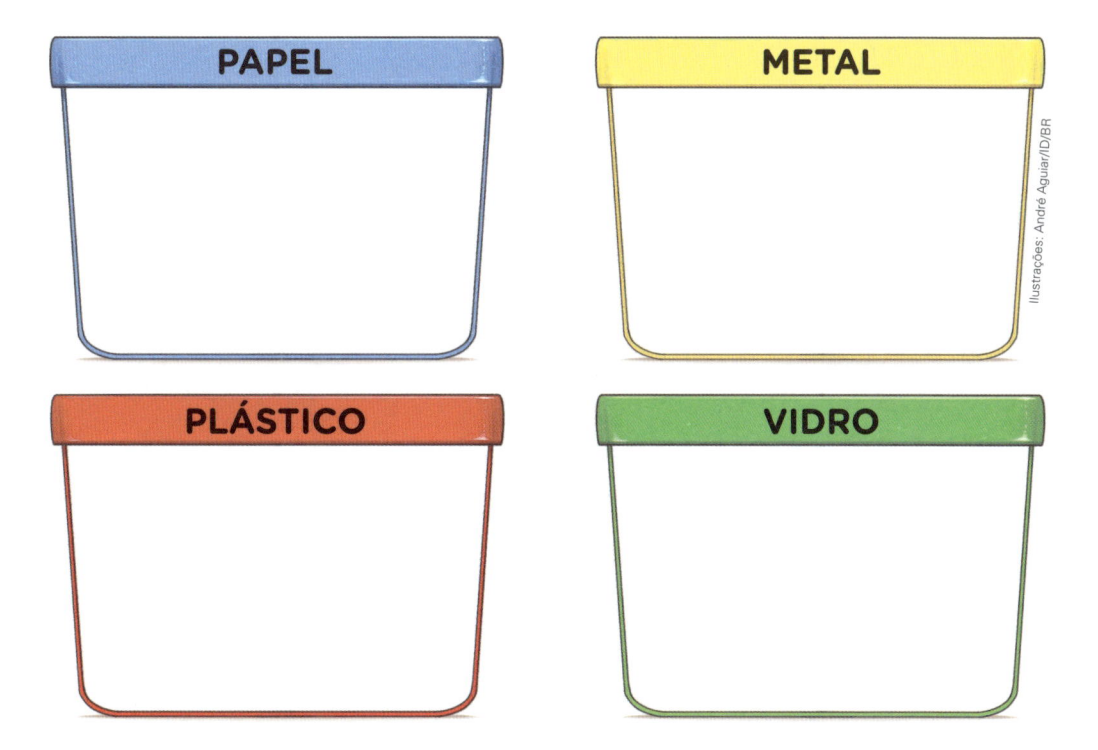

PAPEL | METAL
PLÁSTICO | VIDRO

2 POR QUE É IMPORTANTE SEPARAR OS OBJETOS DESCARTADOS PARA A RECICLAGEM? CONVERSE COM OS COLEGAS.

CENTO E UM

NA PRÁTICA

OFICINA DE SUCATAS

SUCATA É TODO TIPO DE OBJETO OU PRODUTO QUE PODE SER REAPROVEITADO. SERÁ QUE TODA SUCATA PODE VIRAR BRINQUEDO?

VOCÊ VAI PRECISAR DE:
- LÁPIS OU CANETAS HIDROGRÁFICAS
- TESOURA COM PONTAS ARREDONDADAS
- RÉGUA
- COLA OU FITA ADESIVA
- LINHA OU BARBANTE
- SUCATAS VARIADAS

COMO FAZER

1. FORME UM GRUPO COM DOIS COLEGAS. REÚNAM A SUCATA RECOLHIDA EM CASA OU NA ESCOLA. SEPAREM OS ITENS CONFORME O MATERIAL DE QUE SÃO FEITOS. CADA TRIO VAI FICAR COM UM TIPO DE MATERIAL.
2. CADA TRIO DEVE PENSAR EM COMO USAR ESSES MATERIAIS PARA CRIAR UM OU MAIS BRINQUEDOS.
3. PEÇAM AO PROFESSOR AS FERRAMENTAS E OS OUTROS MATERIAIS NECESSÁRIOS PARA CONSTRUIR OS BRINQUEDOS.
4. ORGANIZEM UMA EXPOSIÇÃO COM OS BRINQUEDOS CONSTRUÍDOS.

PARA FINALIZAR

1. QUAIS OBJETOS DA SUCATA RECOLHIDA VOCÊS USARAM? DE QUE MATERIAL ELES SÃO FEITOS? DÊ EXEMPLOS.
2. CONSTRUIR UM BRINQUEDO FOI FÁCIL OU FOI DIFÍCIL? COMENTE.
3. QUAIS SÃO AS VANTAGENS DE CONFECCIONAR OS PRÓPRIOS BRINQUEDOS USANDO SUCATA?

PARA EXPLORAR

BARANGANDÃO ARCO-ÍRIS, DE ADELSIN. EDITORA PEIRÓPOLIS.

APRENDA A FAZER 36 BRINQUEDOS DIFERENTES, INVENTADOS POR MENINOS E MENINAS DO BRASIL.

A TRADIÇÃO É BRINCAR!

MUITOS POVOS TÊM SEUS BRINQUEDOS E BRINCADEIRAS TRADICIONAIS. VEJA ALGUNS A SEGUIR.

PETECA É UM NOME DA LÍNGUA TUPI E SIGNIFICA "BATER COM A PALMA DA MÃO". NA ÉPOCA DA COLHEITA DE MILHO, USAMOS AS PALHAS PARA CRIAR PETECAS DE VÁRIOS FORMATOS. DEPOIS, BRINCAMOS COM ELAS.

AS BONECAS *ABAYOMI* SÃO FEITAS COM NÓS OU TRANÇAS DE TECIDOS E NÃO SÃO COSTURADAS. A PALAVRA *ABAYOMI* VEM DO IORUBÁ, UM IDIOMA AFRICANO, E SIGNIFICA "ENCONTRO PRECIOSO".

JAN-KEN-PON É O NOME JAPONÊS PARA O JOGO PEDRA-PAPEL-TESOURA. *JANKEN*, EM JAPONÊS, SIGNIFICA "PUNHO DE PEDRA", E *PON* É UMA EXPRESSÃO QUE INDICA DECISÃO. ESSES ELEMENTOS (PEDRA, PAPEL, TESOURA) SÃO REPRESENTADOS COM AS MÃOS. A BRINCADEIRA É USADA PARA DECIDIR ALGO NA SORTE. NO BRASIL, ESSE JOGO FICOU CONHECIDO COMO JOQUEMPÔ.

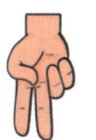

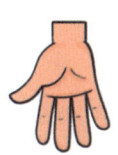

Ilustrações: André Aguiar/ID/BR

1 REÚNA-SE COM OS COLEGAS E CONTE ALGO SOBRE UM BRINQUEDO COMUM NO LUGAR EM QUE VOCÊ MORA. EM SEGUIDA, DESENHE O BRINQUEDO E PINTE-O NO ESPAÇO AO LADO.

PESSOAS E LUGARES

COM O QUE OS RIBEIRINHOS DA AMAZÔNIA BRINCAM?

MUITOS PESQUISADORES SE DEDICAM A CONHECER, A REGISTRAR E A DIVULGAR BRINCADEIRAS DE VÁRIAS REGIÕES DO BRASIL.

POR EXEMPLO, VOCÊ SABE COMO AS CRIANÇAS DAS COMUNIDADES RIBEIRINHAS BRINCAM?

DE FORMA GERAL, **POVOS RIBEIRINHOS** SÃO AQUELES QUE VIVEM PRÓXIMOS AOS RIOS. VÁRIOS REGISTROS MOSTRAM QUE AS COMUNIDADES RIBEIRINHAS DA AMAZÔNIA SÃO O BERÇO DE DIVERSAS CANTIGAS E BRINCADEIRAS DE RODA. VEJA UM EXEMPLO ABAIXO.

▲ CRIANÇAS RIBEIRINHAS DA ETNIA KAXINAWÁ-HUNI KUIN BRINCANDO NO RIO JORDÃO. JORDÃO, ACRE. FOTO DE 2016.

OLHA PALMA, PALMA, PALMA
OLHA PÉ, PÉ, PÉ
OLHA RODA, RODA, RODA
CARANGUEJO PEIXE É
CARANGUEJO SÓ É PEIXE
NA VAZANTE DA MARÉ

DOMÍNIO PÚBLICO.

104 CENTO E QUATRO

AS CRIANÇAS RIBEIRINHAS DA AMAZÔNIA GOSTAM DE CONSTRUIR BARRACAS COM FOLHAS DE AÇAIZEIRO, TOMAR BANHO DE RIO E FAZER ESCULTURAS DE BARRO.

ELAS TAMBÉM GOSTAM DE FABRICAR OS PRÓPRIOS BRINQUEDOS, COMO O CORRUPIO (FEITO COM UM FRUTO CHAMADO BUÇU, POR EXEMPLO), AVIÕES E BARCOS CONFECCIONADOS COM CORTIÇAS (UM MATERIAL LEVE DE ORIGEM VEGETAL) E A PERNA DE PAU (FEITA COM MADEIRA OU BAMBU).

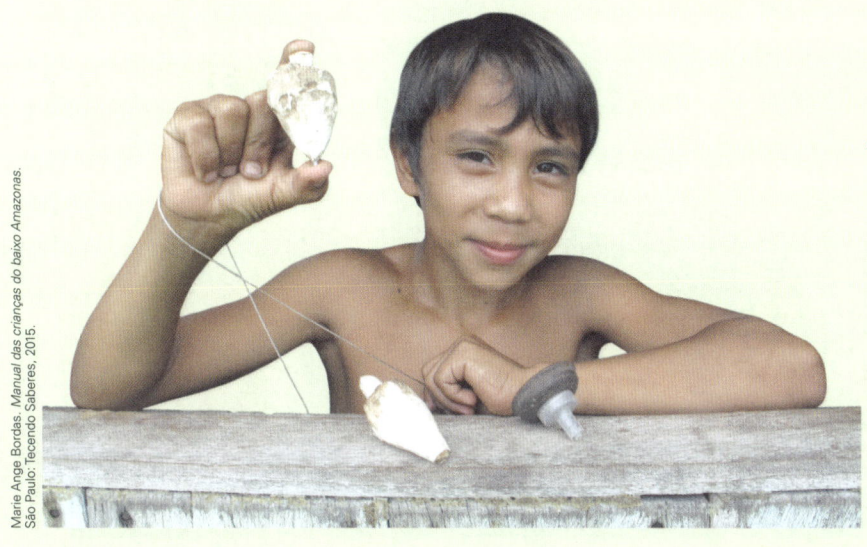

Marie Ange Bordas. *Manual das crianças do baixo Amazonas.* São Paulo: Tecendo Saberes, 2015.

◀ O PIÃO É UM BRINQUEDO PRESENTE NAS COMUNIDADES AMAZÔNICAS. É COMUM QUE ESSE BRINQUEDO FEITO DE MADEIRA SEJA FABRICADO PELOS PRÓPRIOS RIBEIRINHOS. MENINO COM PIÃO EM ÓBIDOS, PARÁ. FOTO DE 2013.

1. CITE UMA SEMELHANÇA E UMA DIFERENÇA ENTRE A SUA FORMA DE BRINCAR E A DAS CRIANÇAS QUE VIVEM NA REGIÃO AMAZÔNICA. CONVERSE COM OS COLEGAS.

2. VOCÊ ACHA QUE AS BRINCADEIRAS E OS BRINQUEDOS DA REGIÃO AMAZÔNICA PODEM DESAPARECER COM O TEMPO? POR QUÊ?

3. REÚNA-SE COM OS COLEGAS. PENSEM EM UMA FORMA DE REGISTRAR AS BRINCADEIRAS E OS BRINQUEDOS COM QUE VOCÊS MAIS COSTUMAM BRINCAR. DEPOIS, CONVERSEM SOBRE A IMPORTÂNCIA DE REGISTRAR E DE DIVULGAR AS BRINCADEIRAS.

SABER SER

APRENDER SEMPRE

1 VEJA NA IMAGEM A SEGUIR ALGUNS BRINQUEDOS NA VITRINE DE UMA LOJA.

A. CONTORNE TRÊS BRINQUEDOS QUE VOCÊ ACHA QUE FUNCIONAM MELHOR NA BRINCADEIRA PORQUE SÃO FEITOS DE PLÁSTICO.

REPRESENTAÇÃO SEM PROPORÇÃO DE TAMANHO ENTRE OS ELEMENTOS.

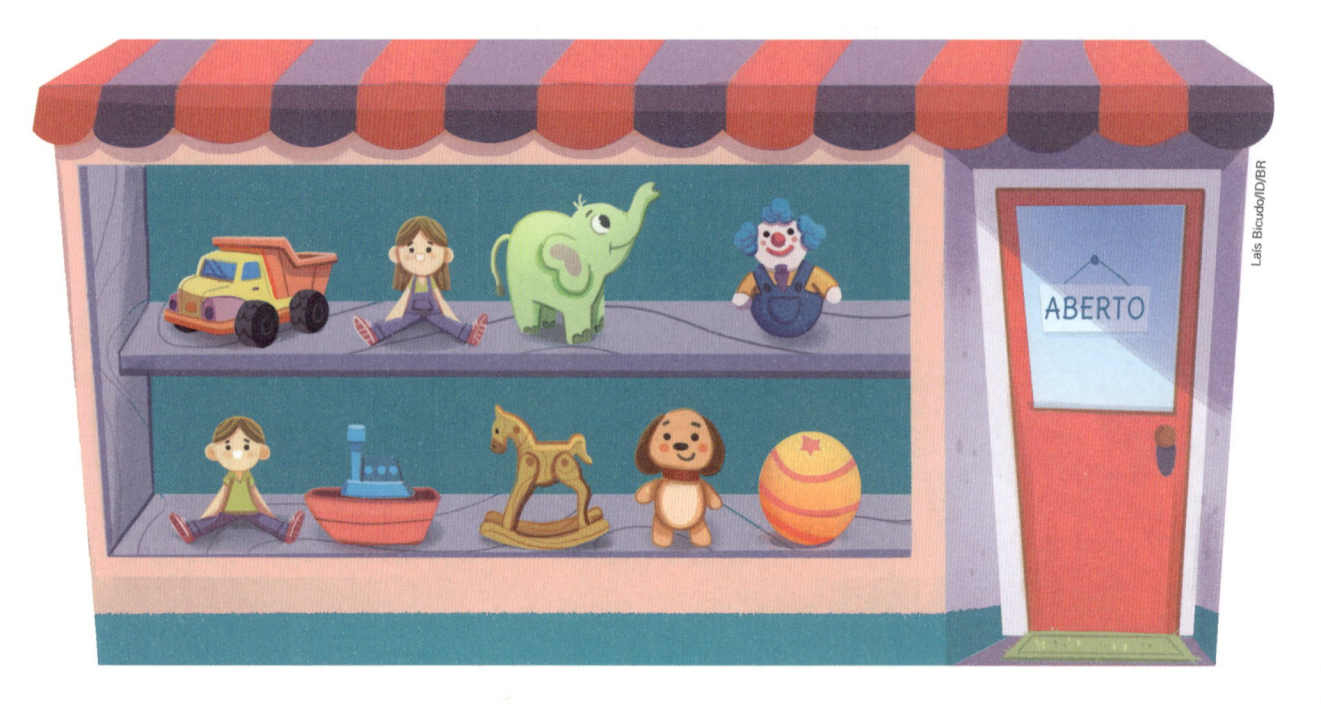

B. CITE UM BRINQUEDO QUE PARECE TER SIDO FEITO DE MADEIRA. DE ONDE A MADEIRA VEM?

_____

C. OBSERVE OS BRINQUEDOS QUE VOCÊ TEM EM CASA. DE QUAIS MATERIAIS ELES SÃO FEITOS? ESCREVA DOIS EXEMPLOS E LEIA-OS EM VOZ ALTA PARA OS COLEGAS.

_____

_____

2 VOCÊ ACHA IMPORTANTE VALORIZAR BRINQUEDOS ARTESANAIS E BRINQUEDOS FEITOS POR CRIANÇAS? POR QUÊ? CONVERSE COM OS COLEGAS.

SABER SER

3 OBSERVE OS BRINQUEDOS A SEGUIR E INDIQUE O TIPO DE MATERIAL DE QUE CADA UM DELES É FEITO.

A. PAPEL **B.** PLÁSTICO **C.** MADEIRA

4 EM DUPLA, OBSERVEM A FIGURA E NUMEREM AS ETAPAS DE RECICLAGEM DE MATERIAIS NA SEQUÊNCIA CORRETA.

REPRESENTAÇÃO SEM PROPORÇÃO DE TAMANHO ENTRE OS ELEMENTOS.

- [ ] MATERIAIS RECICLÁVEIS SÃO DEPOSITADOS EM LIXEIRAS.
- [ ] MATERIAIS RECICLÁVEIS SÃO SEPARADOS.
- [ ] MATERIAIS RECICLÁVEIS SÃO LEVADOS PARA UMA COOPERATIVA.
- [ ] MATERIAIS VÃO PARA A INDÚSTRIA E SÃO TRANSFORMADOS EM NOVOS PRODUTOS.
- [ ] NOVOS PRODUTOS FEITOS DE MATERIAIS RECICLADOS CHEGAM ÀS LOJAS.

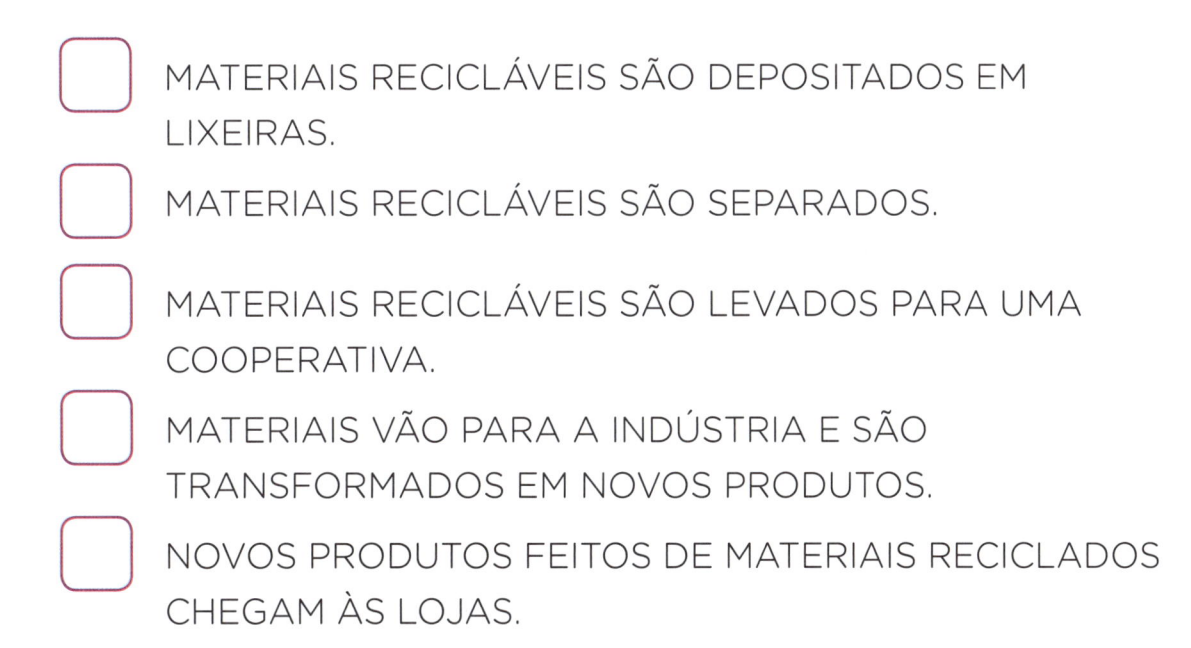

CENTO E SETE

ATÉ BREVE!

A CADA ANO ESCOLAR, VOCÊ E OS COLEGAS VIVENCIAM NOVOS DESAFIOS E ADQUIREM DIVERSOS CONHECIMENTOS. VOCÊ JÁ PAROU PARA PENSAR NISSO? AS ATIVIDADES A SEGUIR VÃO AJUDAR VOCÊ A AVALIAR O QUE APRENDEU AO LONGO DESTE ANO.

1 OBSERVE AS IMAGENS A SEGUIR. IDENTIFIQUE EM CADA UMA DAS IMAGENS OS ELEMENTOS QUE DIFERENCIAM O DIA E A NOITE.

2 OBSERVE O CALENDÁRIO AO LADO E CIRCULE OS DIAS DA SEMANA EM QUE VOCÊ NÃO VAI À AULA.

ABRIL 2023						
DOM	SEG	TER	QUA	QUI	SEX	SÁB
						1
2	3	4	5	6	7	8
9	10	11	12	13	14	15
16	17	18	19	20	21	22
23	24	25	26	27	28	29
30						

3 NUMERE CADA AÇÃO DE ACORDO COM A PARTE DO CORPO QUE USAMOS PARA REALIZÁ-LA.

1. OLHOS
2. ORELHAS
3. BOCA
4. PELE
5. NARIZ
6. PERNAS

☐ CAMINHAR
☐ ENXERGAR
☐ SENTIR CHEIROS
☐ TOCAR
☐ ESCUTAR
☐ SENTIR O GOSTO

4 COM A AJUDA DO PROFESSOR, LEIA EM VOZ ALTA UM TRECHO DO POEMA DO LIVRO *DIVERSIDADE*, ESCRITO POR TATIANA BELINKY.

[...]
DE PELE CLARA
DE PELE ESCURA
UM, FALA BRANDA
O OUTRO, DURA
OLHO REDONDO
OLHO PUXADO
NARIZ PONTUDO
OU ARREBITADO
CABELO CRESPO
CABELO LISO

[...]
TUDO É HUMANO,
BEM DIFERENTE
ASSIM, ASSADO
TODOS SÃO GENTE
CADA UM NA SUA
E NÃO FAZ MAL
DI-VER-SI-DA-DE
É QUE É LEGAL!
[...]

TATIANA BELINKY. *DIVERSIDADE*. SÃO PAULO: FTD, 2015. P. 22 A 26 E 32 A 34.

- VOCÊ CONCORDA COM OS VERSOS "DI-VER-SI-DA-DE/ É QUE É LEGAL"? JUSTIFIQUE SUA RESPOSTA.

5 CONTORNE DE **AZUL** O OBJETO A SEGUIR QUE É FEITO DE METAL, DE **VERMELHO** O QUE É FEITO DE MADEIRA E DE **VERDE** O QUE É FEITO DE PAPEL.

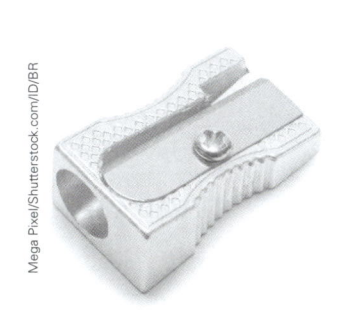

SUGESTÕES DE LEITURA

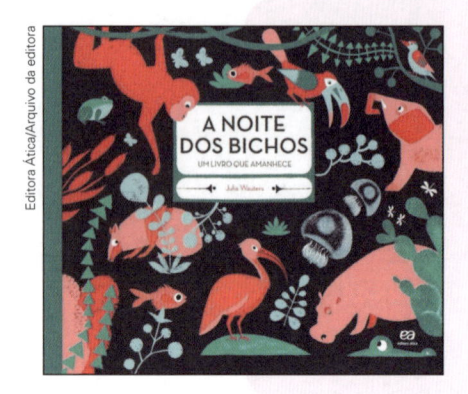

A NOITE DOS BICHOS: UM LIVRO QUE AMANHECE, DE JULIA WAUTERS. EDITORA ÁTICA.

ESSE LIVRO MOSTRA OS ANIMAIS EM DIFERENTES HORAS DO DIA. ALGUNS SÃO ATIVOS À NOITE, OUTROS SÃO ATIVOS DE MANHÃ E MUITOS OUTROS, ENQUANTO O DIA AVANÇA.

AGORA, DE ALAIN SERRES E OLIVIER TALLEC. EDIÇÕES SM.

ESSE LIVRO TRATA DA VIDA QUE PASSA E DO COTIDIANO VISTO PELOS OLHOS DE UM MENINO.

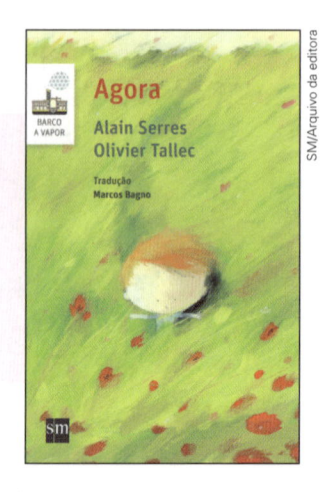

O LIVRO DA FAMÍLIA, DE TODD PARR. PANDA BOOKS.

COM ILUSTRAÇÕES SUPER COLORIDAS, ESSE LIVRO MOSTRA OS DIFERENTES TIPOS DE FAMÍLIA QUE EXISTEM.

FELIZ ANIVERSÁRIO, JAMELA!, DE NIKI DALY. EDIÇÕES SM.

A HISTÓRIA NARRA OS PREPARATIVOS PARA A FESTA DE ANIVERSÁRIO DE JAMELA E COMO ELA FEZ PARA GANHAR O PRESENTE QUE TANTO QUERIA.

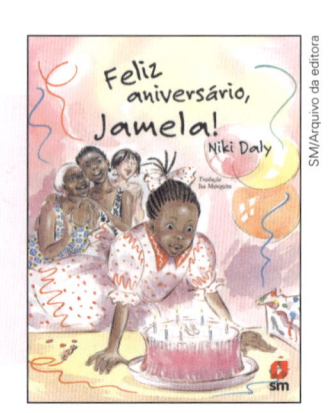

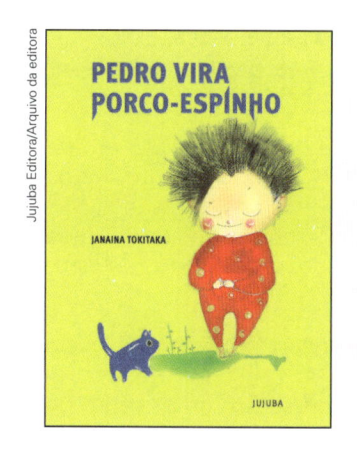

PEDRO VIRA PORCO-ESPINHO, DE JANAINA TOKITAKA. JUJUBA EDITORA.

PEDRO É UM MENINO QUE VAI LEVANDO A VIDA COM SUA ROTINA DE CRIANÇA. PORÉM, QUANDO ALGO DE QUE ELE NÃO GOSTA ACONTECE, PEDRO VIRA PORCO-ESPINHO.

CAMILÃO, O COMILÃO, DE ANA MARIA MACHADO. EDITORA SALAMANDRA.

CAMILO É UM PORQUINHO QUE ADORA COMER, MAS NÃO GOSTA MUITO DE ATIVIDADES FÍSICAS. PARA CONSEGUIR COMIDA, PEDE ALIMENTOS A TODOS OS BICHOS QUE ENCONTRA.

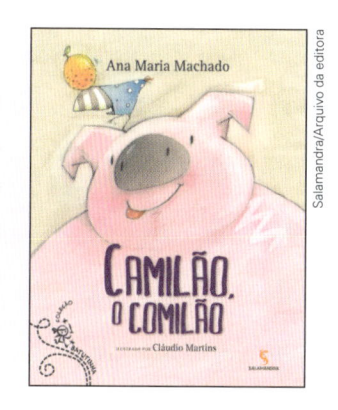

COISA DE MENINO, DE PRI FERRARI. COMPANHIA DAS LETRINHAS.

EXISTE BRINCADEIRA SÓ DE MENINO? ESSE LIVRO MOSTRA QUE, NA BRINCADEIRA, NÃO EXISTEM ESSAS REGRAS.

E VOCÊ, BRINCA DE QUÊ?, DE VERA LÚCIA DIAS. EDITORA CALLIS.

ESSA HISTÓRIA MOSTRA QUANTO A CRIANÇA GOSTA DE BRINCAR E COMO ELA USA A IMAGINAÇÃO EM SUAS BRINCADEIRAS.

BIBLIOGRAFIA COMENTADA

BRASIL. Ministério da Educação. Conselho Nacional de Educação. *Diretrizes curriculares nacionais para o Ensino Fundamental de 9 (nove) anos*. Parecer CNE/CEB n. 11/2010. Brasília: CNE/CEB/MEC, 2010.

Documento de caráter normativo que determina as diretrizes para orientar a organização, a articulação, o desenvolvimento e a avaliação das propostas pedagógicas para o Ensino Fundamental.

BRASIL. Ministério da Educação. Secretaria de Educação Básica. *Base nacional comum curricular*: educação é a base. Brasília: MEC/SEB, 2018. Disponível em: http://basenacionalcomum.mec.gov.br/. Acesso em: 28 abr. 2021.

A BNCC é um documento de caráter normativo que define o conjunto progressivo de aprendizagens essenciais a serem desenvolvidas pelos alunos ao longo da Educação Básica, incluindo o Ensino Fundamental.

CAMPOS, M. C. C.; NIGRO, R. G. *Teoria e prática em Ciências na escola*: o ensino-aprendizagem como investigação. São Paulo: FTD, 2009.

O livro apresenta estratégias para o ensino de Ciências por meio da investigação.

CARVALHO, A. M. P. *Ciências no Ensino Fundamental*: o conhecimento físico. São Paulo: Scipione, 2009.

Por meio de teoria e de atividades práticas, o livro discute estratégias para o ensino de Física para os primeiros anos do Ensino Fundamental.

DELIZOICOV, D.; ANGOTTI, J. A.; PERNAMBUCO, M. M. *Ensino de Ciências*: fundamentos e métodos. 5. ed. São Paulo: Cortez, 2018.

A obra aborda o ensino de Ciências com base na articulação entre a conceituação científica e o uso e a interpretação de situações que sejam significativas para os alunos.

FARIA, R. P. *Fundamentos da astronomia*. 10. ed. Campinas: Papirus, 2009.

O livro aborda os princípios e a história do estudo do Universo.

FUNDAÇÃO NICOLAS HULOT. *Ecoguia*: guia ecológico de A a Z. São Paulo: Landy, 2008.

A obra explica de forma didática os principais termos e conceitos da ecologia.

GASPAR, A. *Experiências de Ciências para o Ensino Fundamental*. 2. ed. São Paulo: Ática, 2015.

Nesse livro, o autor apresenta diversas atividades práticas para o ensino de Ciências.

GOMES, M. V. *Educação em rede*: uma visão emancipadora. São Paulo: Cortez: Instituto Paulo Freire, 2004.

O livro discute como a internet pode ser utilizada de maneira significativa no processo de ensino-aprendizagem.

NICOLINI, J. *Manual do astrônomo amador*. 4. ed. Campinas: Papirus, 2004.

Nesse livro, o autor apresenta uma série de informações práticas e um guia detalhado para a observação do céu.

SOBOTTA, J. *Atlas de anatomia humana*. 24. ed. Rio de Janeiro: Guanabara Koogan, 2018.

Nessa obra sobre a anatomia humana, destacam-se as imagens e as informações que enriquecem o estudo.

SOCIEDADE BRASILEIRA DE ANATOMIA. *Terminologia anatômica*. Barueri: Manole, 2001.

A obra traz a terminologia internacionalmente aceita para a anatomia humana macroscópica e topográfica.

TORTORA, G. J.; DERRICKSON, B. *Corpo humano*: fundamentos de anatomia e fisiologia. 10. ed. Porto Alegre: Artmed, 2016.

A obra reúne uma gama de conhecimentos das áreas de anatomia e de fisiologia, com ênfase na homeostasia.

VANCLEAVE, J. P. *Astronomy for every kid*. New York: John Wiley & Sons, 1991.

O livro, em inglês, apresenta diversas atividades práticas para o ensino de astronomia.

WINSTON, R. *Body*: an amazing tour of human anatomy. London: Dorling Kindersley, 2016.

Nesse livro, em inglês, o autor apresenta a anatomia humana com uma linguagem voltada para as crianças.

ZABALA, A. *A prática educativa*. Porto Alegre: Artmed, 1998.

Nessa obra, o autor apresenta propostas para melhorar a prática educativa.

DESTACAR E JOGAR

PÁGINA 29 • ATIVIDADE 8: JOGO DOS ANIMAIS DIURNOS E DOS ANIMAIS NOTURNOS

SOU O **CACHORRO-VINAGRE**. DURANTE O DIA, ME ALIMENTO DE PEQUENOS ANIMAIS, COMO CAMARÕES E ROEDORES. À NOITE, EU E MEUS FILHOTES COSTUMAMOS DORMIR EM CAVERNAS.

RESPOSTA: HÁBITOS DIURNOS.

SOU **GALITO**, O PÁSSARO EQUILIBRISTA. FICO FIRME NOS GALHOS, MESMO COM O VENTO SOPRANDO FORTE. PASSO A MAIOR PARTE DO DIA NO ALTO DO CAPIM, CAÇANDO MOSCAS, ABELHAS OU ARANHAS. À NOITE, DURMO EM UM NINHO NO CHÃO.

RESPOSTA: HÁBITOS DIURNOS.

SOU O LAGARTO CHAMADO **BICO-DOCE**. PASSO QUASE O DIA TODO ME AQUECENDO AO SOL OU PROCURANDO ALIMENTO, COMO INSETOS E PLANTAS. À NOITE, DURMO EM BURACOS NO CHÃO QUE EU MESMO FAÇO.

RESPOSTA: HÁBITOS DIURNOS.

SOU O **MICO-LEÃO-DE-CARA--PRETA**. DURANTE A MANHÃ, PULO DE GALHO EM GALHO. AO LONGO DO DIA, ME ALIMENTO DE PEQUENOS INSETOS, FRUTOS E OVOS DE PÁSSAROS. À NOITE, ME ABRIGO EM TRONCOS OCOS DE ÁRVORES.

RESPOSTA: HÁBITOS DIURNOS.

Luiz Claudio Marigo/Nature PL/Fotoarena

Vladimir Wrangel/Shutterstock.com/ID/BR

Thomas Marent/Minden Pictures/Fotoarena

Dossyl/Shutterstock.com/ID/BR

DESTACAR E JOGAR

PÁGINA 29 • ATIVIDADE 8: JOGO DOS ANIMAIS DIURNOS E DOS ANIMAIS NOTURNOS

SOU O **FURÃO**. VIVO NOS TRONCOS DAS ÁRVORES, EM ROCHAS OU EM TOCAS QUE CAVO. ANDO DURANTE A NOITE EM DUPLAS OU EM PEQUENOS GRUPOS.

RESPOSTA: HÁBITOS NOTURNOS.

À NOITE, COSTUMO ANDAR MUITO À PROCURA DE FRUTOS E PEQUENOS ANIMAIS. DURMO DURANTE O DIA PARA REPOR AS ENERGIAS. SOU O **LOBO-GUARÁ**.

RESPOSTA: HÁBITOS NOTURNOS.

SOU A PERERECA CHAMADA **JIA-DE-PAREDE** PORQUE ÀS VEZES FICO GRUDADA NAS PAREDES DAS CASAS. DURANTE O DIA, DURMO E ME PROTEJO DO CALOR EM BURACOS DE ÁRVORES. SÓ ACORDO À NOITE PARA CAÇAR INSETOS.

RESPOSTA: HÁBITOS NOTURNOS.

SOU O SOLITÁRIO **URUTAU**. MINHAS PENAS SÃO PARECIDAS COM AS CASCAS DE ÁRVORES. PASSO GRANDE PARTE DO DIA PARADO SOBRE O TRONCO DE UMA ÁRVORE. À NOITE, VOO PARA CAPTURAR INSETOS.

RESPOSTA: HÁBITOS NOTURNOS.

CENTO E QUINZE

Sean Crane/Minden Pictures/Fotoarena

Vladislav T. Jirousek/Shutterstock.com/ID/BR

Michael and Patricia Fogden/Minden Picture/Fotoarena

Fabio Colombini/Acervo do fotógrafo

DESTACAR E COLAR

PÁGINA 38 • ATIVIDADE 1

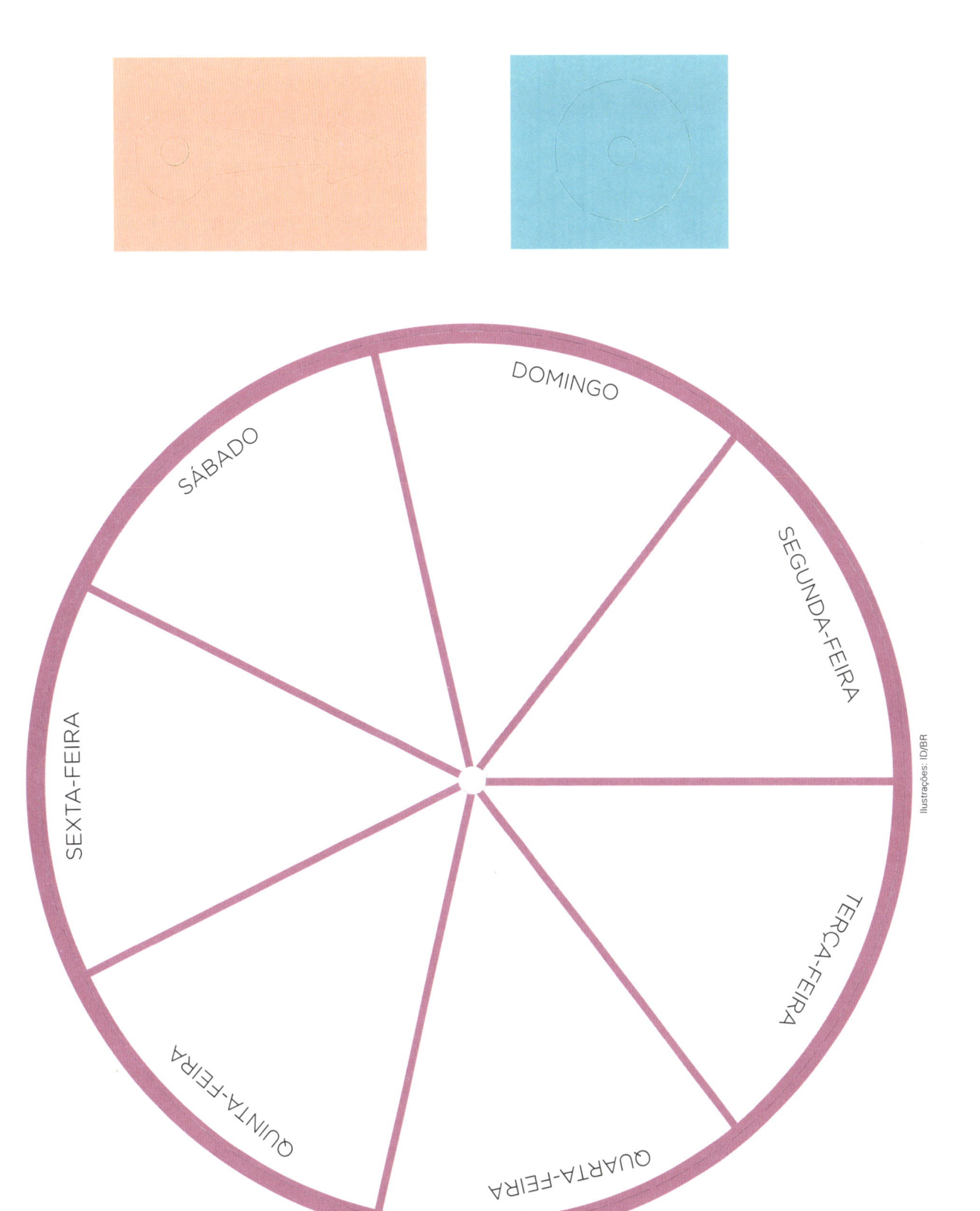

DOMINGO
SEGUNDA-FEIRA
TERÇA-FEIRA
QUARTA-FEIRA
QUINTA-FEIRA
SEXTA-FEIRA
SÁBADO

DESTACAR E COLAR

PÁGINA 56 • ATIVIDADE 6

PÁGINA 85 • ATIVIDADE 4